Franziska zu Reventlow

rororo

rowohlts monographien
begründet von Kurt Kusenberg
herausgegeben von Wolfgang Müller
und Uwe Naumann

Franziska zu Reventlow

Dargestellt von Ulla Egbringhoff

Rowohlt Taschenbuch Verlag

Umschlagvorderseite: Franziska Gräfin zu Reventlow. Gemälde von Marie Freiin von Geysow, 1901/02
Umschlagrückseite: Franziska zu Reventlows Aufsatz «Viragines oder Hetären» in den «Zürcher Diskußionen» Nr. 22, 1899
Franziska zu Reventlow, 1905 (Ausschnitt aus einem Foto, das sie mit ihrem Sohn Rolf zeigt)

Seite 3: Franziska zu Reventlow. Passbild des russischen Passes
Seite 7: Franziska zu Reventlow. Fotografie des Ateliers Therese

Originalausgabe
Veröffentlicht im Rowohlt Taschenbuch Verlag GmbH, Reinbek bei Hamburg, August 2000

Umschlaggestaltung Ivar Bläsi
Redaktionsassistenz Karolin Marhencke
Reihentypografie Daniel Sauthoff
Layout Gabriele Boekholt
Satz PE Proforma *und* Foundry Sans *PostScript, QuarkXPress 4.1*
Gesamtherstellung Clausen & Bosse, Leck
Printed in Germany
ISBN 3 499 50614 9

Die Schreibweise entspricht den Regeln der neuen Rechtschreibung.

INHALT

«Leben» und «Freiheit» (1871–1918)

[...] – ich will überhaupt lauter Unmögliches, aber lieber will ich das wollen, als mich im Möglichen schön zurechtzulegen.[1] Dies schrieb im Jahre 1903 Franziska zu Reventlow in ihr Tagebuch. Am 18. Mai 1871 in Husum geboren, wurde sie auf den Namen Fanny Liane Wilhelmine Sophie Adrienne Auguste Comtesse zu Reventlow getauft. Gestorben ist sie am 26. Juni 1918 in Ascona.

Ihr Lebensweg führte Franziska zu Reventlow vom Norden des Deutschen Reiches in den Süden. Als Kind in Husum lernte sie Theodor Storm kennen; als Jugendliche lebte sie wie Heinrich und Thomas Mann und wie Erich Mühsam in Lübeck. Anfang der neunziger Jahre zog sie nach München, dem damaligen Zentrum der Künste des Deutschen Reiches; ab 1910 lebte sie in Ascona, dem Ort, an dem man versuchte, die in jener Zeit entwickelten Utopien von einer naturverbundenen Lebensweise umzusetzen. Eine ungebrochene Reiselust führte sie immer wieder in andere Länder wie Griechenland, Spanien und Italien. Eine ihrer Romanheldinnen drückt dieses Lebensgefühl so aus: *Bahnhöfe und Hotelzimmer – ich bin sehr glücklich. Ein unschätzbares Gefühl: nicht hier und nicht da, sondern einfach fort zu sein.*[2]

Franziska zu Reventlow ließ sich nicht von den Konventionen ihrer Zeit vereinnahmen und sollte somit zum Skandal und zugleich zum Mythos der wilhelminischen Gesellschaft werden.[3] Viele Zeitgenossen erwähnen sie mit Bewunderung und Amüsement, aber auch mit Skepsis und moralischen Einwänden: zum Beispiel Franz Hessel, Thomas Mann, Theodor Lessing, Rainer Maria Rilke oder Ludwig Klages.

Eine wesentliche Rolle spielte Franziska zu Reventlow im kulturellen Leben Münchens um die Jahrhundertwende. In dieser Zeit verstand sie sich als Malerin und nicht als Schriftstellerin, auch wenn sie bereits einige Erzählungen und Novellen veröffentlicht hatte.

Ihre künstlerischen Bestrebungen standen jedoch für ihre Zeitgenossen nicht im Vordergrund. Sie sahen in Franziska zu Reventlow eher einen neuen Frauentypus. Mit ihrer Lebensweise und ihrer Einstellung zu Erotik und Sexualität sprengte sie den Rahmen der damaligen Frauenbilder, die sich in der zeitgenössischen Literatur zwischen femme fragile und femme fatale bewegten.

Franziska zu Reventlows ungewöhnliche Ansichten über erotische Beziehungen machten sie zu einer schillernden Projektionsfläche im Kaiserreich. Sie hatte verschiedene Liebesbeziehungen und verheimlichte diese nicht. Deshalb kann man sie auch nicht als Affären bezeichnen, weil damit Anrüchigkeit und Verworfenheit verknüpft sind. In ihren Aufsätzen und literarischen Texten vertritt Franziska zu Reventlow die Auffassung, dass körperliche Treue keinen Wert an sich darstellt, und fordert *volle geschlechtliche Freiheit*[4] für beide Geschlechter.

Als Mutter eines unehelichen Kindes stand Franziska zu Reventlow zu ihrer Entscheidung, das Kind allein zu erziehen, und sie verschwieg den Namen des Vaters. Gleichzeitig erhob sie den Anspruch auf freie Entfaltung ihrer Sexualität. Damit wurde Franziska zu Reventlow zur Inkarnation der «erotischen Rebellion»[5] oder der «sexuellen Revolution»[6]. Für einige Zeitgenossen, wie zum Beispiel Ludwig Klages und seine Freunde, verkörperte Reventlow um diese Zeit eine «heidnische Heilige», eine Kombination von Hetäre und Mutter, und wurde somit die Personifikation ihrer Philosophie.[7]

Leben und Freiheit waren zentrale Kategorien im Denken, Schreiben und Leben Reventlows. Bereits als Neunzehnjährige

Aktaufnahme von Franziska zu Reventlow. Ludwig Klages hatte dieses Foto lange Zeit in seiner Wohnung aufgehängt.

schrieb sie: *Ich will und muß einmal frei werden; es liegt nun einmal tief in meiner Natur, dieses maßlose Streben, Sehnen nach Freiheit. Die kleinste Fessel, die andere gar nicht als solche ansehen, drückt mich unerträglich, unaushaltbar und ich muß gegen alle Fesseln, alle Schranken ankämpfen, anrennen.*[8]

Ihre Lebensfreude wurde von ihren Freunden und Freundinnen – Letztere hatte sie tatsächlich, auch wenn in manchen Darstellungen der Eindruck entsteht, sie habe ausschließlich mit Männern Umgang gepflegt – herausgestellt. Erich Mühsam, der Reventlows materielle Not und die gesellschaftlichen Schwierigkeiten als ledige Mutter durchaus wahrnahm, schrieb über sie: «Freilich war sie eine viel zu lebenshungrige und künstlerisch bewegte Natur, um sich nicht unbedenklich den Launen ihres sinnlichen Begehrens zu überlassen, und dazu ein viel zu fröhlicher Charakter, um sich nicht mit unvergleichlicher Leichtigkeit und selbst Ausgelassenheit über die schikanöse Misere des Daseins hinwegzusetzen.»[9]

Die Folgen ihres Bedürfnisses nach Unabhängigkeit wurden dabei manchmal übersehen. Zeitweilige Depressionen, Erschöpfungszustände und psychosomatische Störungen waren die Kehrseite der Leichtigkeit und Nonchalance, mit der sie ihren Mitmenschen begegnete. Als nach ihrem Tod die Tagebücher veröffentlicht wurden, waren viele ihrer Zeitgenossen, die sie ausschließlich als vergnügungsfreudige und lebensfrohe Bohemienne sahen, schockiert. In ihrem Tagebuch heißt es zum Beispiel: *Ach, ich bin gelaufen, gelaufen, hingefallen, wieder aufgestanden, umgeworfen, wieder aufgesammelt, bis ich da angekommen bin, wo mein Ziel anfängt. Angst und Zweifel, Kräfteversagen und die Müdigkeit.*[10]

Franziska zu Reventlow schrieb über ihre Ängste und depressiven Stimmungen, über ihre Sehnsucht nach Liebe und Geborgenheit; Lebenslust und Lebensmüdigkeit wechseln einander im rasanten Tempo ab. Diese Ambivalenz ihrer Gefühle kommt im Nebeneinander von Freiheitsdrang und der gleichzeitigen Sehnsucht nach Zugehörigkeit zum Ausdruck.

[…] bei mir steht und fällt alles mit dem Erotischen […][11], hatte sie einmal notiert. In ihrem praktischen Leben stand und fiel aber auch alles mit dem Geld. Nicht selten geriet sie in materielle Not. Mit ausgesprochenem Sinn für Komik und Satire entwickelte die «Gräfin», wie sie von ihren Freunden genannt wurde, eine eigene Philosophie des Geldes und zeigte noch in

den größten Notlagen, in denen sie schon ihren gesamten Hausstand versetzt hatte, Witz und Ironie.

Die ihr Leben bestimmenden Themen Freiheit, Liebe und Geld durchziehen auch ihr schmales literarisches Werk, das neben kleineren Erzählungen und Novellen aus vier Romanen und einem Romanfragment besteht. Ausgehend von ihrer eigenen Biographie entwirft Franziska zu Reventlow verschiedene literarische Frauenfiguren, die in ein Wechselspiel von Selbst- und Fremdbildern geraten. Ihr erster Roman, *Ellen Olestjerne*, erschien 1903, Franziska zu Reventlow war gerade 30 Jahre alt. Nach dem Muster eines Entwicklungsromans zeichnet sie den Lebensweg der Protagonistin Ellen Olestjerne von der Kindheit bis zu ihrer Zeit als Künstlerin und der Geburt ihres Kindes. Der Roman ist keine Autobiographie; der literarische Charakter des Romans kann angesichts der biographischen Übereinstimmungen zwischen Autorin und Protagonistin leicht übersehen werden. Dennoch kann *Ellen Olestjerne* als Versuch Franziska zu Reventlows verstanden werden, sich ihrer eigenen Identität und ihres Selbst bewusst zu werden. Mit der Beschreibung einer bedrückenden Kindheit und Jugend und der Thematisierung einer problematischen Mutter-Tochter-Beziehung liefert Franziska zu Reventlow Erklärungen, warum die Protagonistin Ellen Olestjerne einen unkonventionellen, den Vorstellungen ihrer Familie widersprechenden Lebensweg wählt. Damit lässt der Roman Rückschlüsse auf Reventlows Selbstverständnis zu.

Die anderen Romane Franziska zu Reventlows

Café Größenwahn. Ausschnitt aus einer Karikaturenfolge von Ernst Stern. Die schwarz gekleidete Dame (Vierte von links, gebeugt, mit großem Hut) soll Franziska zu Reventlow satirisch porträtieren.

sind erst nach ihrem Fortgang von München in Ascona entstanden. Über Männer, Männertypen und Männerpathos schreibt sie in *Von Paul zu Pedro* (1912) und erinnert mit ihrem leichten Plauderton an die galante französische Salonliteratur. In ihrem Roman *Herrn Dames Aufzeichnungen* (1913) setzt sie sich souverän und distanziert mit der Ideologie der in jenen Münchener Jahren sehr umstrittenen Kosmiker-Runde auseinander und liefert damit ein authentisches Bild der Epoche sowie eine durchaus aktuelle, nicht nur auf die historischen Ereignisse zu beziehende Auseinandersetzung mit dogmatischen Ideologien.

Wiederum von ihrer eigenen Lebensgeschichte ausgehend, ironisiert Franziska zu Reventlow in dem Roman *Der Geldkomplex* (1916) die Psychoanalyse, indem sie die Ich-Erzählerin die Auffassung vertreten lässt, dass psychische Störungen ausschließlich auf materielle Gründe zurückzuführen seien.

Das Leben in der Münchener Boheme und später in Ascona war für Franziska zu Reventlow der schwierige Versuch, ein «Leben in Freiheit» zu führen. Diese «Emanzipation in Etappen»[12] spiegeln ihre literarischen Werke, die Briefe und Tagebücher auf eine anregende und geistreiche Weise wider.

Sie trug, außer ihren Namen, nichts an sich, was vom Moder der Vergangenheit benagt war. In die Zukunft gerichtet war ihr Leben, ihr Denken; sie war ein Mensch, der wußte, was Freiheit bedeutet, ein Mensch ohne Vorurteile, ohne traditionelle Fesseln, ohne Befangenheit vor der Philistrosität der Umwelt. Und sie war ein froher Mensch, dessen Frohsinn aus dem tiefsten Ernst des Charakters kam. Wenn sie lachte, dann lachte der Mund und das ganze Gesicht, daß es eine Freude war, hineinzusehen. Aber die Augen, die großen, tiefblauen Augen, standen ernst und unbewegt mitten zwischen den lachenden Zügen. Die Gräfin war eine schöne Frau, ihr Äußeres von strahlendem Reiz, und das Herz erfüllt von der Schönheit des Lebens und von der Sehnsucht nach einer schönen und freien Menschenwelt.

Erich Mühsam

Im Norden

Hinter Schloss und Riegel (1871 – 1889)

Schloß Nevershuus lag grau und schwerfällig unter hohen Bäumen mit seinen breiten Seitenflügeln und dem viereckigen Turm, der kaum das Dach überragte. […] Es konnte immer noch einen melancholisch unheimlichen Eindruck machen, das alte Schloß, wenn die Herbststürme durch alle Kamine heulten wie geängstigte arme Seelen, oder wenn der Nebel vom Meer heraufstieg und alles in seine wogenden grauen Schleier einhüllte. Aber es hatte auch seinen Frühling und seinen Sommer, wo die Sonne alles Düstere aus den weiten hohen Räumen herausleuchtete, wo der reiche grüne Garten um die grauen Mauern blühte und drüben in der Ferne das Meer blau und schimmernd dalag.[13]

Mit dieser symbolischen Beschreibung des elterlichen Schlosses beginnt der autobiographische Roman *Ellen Olestjerne.*

Das Husumer Schloss bezogen der Vater Ludwig Christian Detlev F. Graf zu Reventlow und seine Frau Emilie Julia Anna Luise zu Reventlow im Jahre 1868. Ihre ersten drei Kinder waren in Kiel geboren, Agnes (1861 – 1947), Theodor (1862 – 1878) und Ludwig (1864 – 1906). Die jüngeren Geschwister Ernst (1869 – 1943), Fanny (1871 – 1918) – erst als Erwachsene nannte sie sich Franziska – und Karl (1874 – 1961), genannt Catty, kamen in Husum zur Welt.

Der Vater übte in Husum das Amt des preußischen Landrates aus, nachdem er in Heidelberg und Kiel Jurisprudenz studiert hatte. In dieser Zeit hatte er sich in der Schleswig-Holsteinischen Frage engagiert und war als Advokat tätig gewesen. Nachdem am 23. August 1866 im Frieden von Prag der Anschluss der Herzogtümer Schleswig und Holstein an Preußen beschlossen worden war, ernannte man Ludwig Graf zu Reventlow zum Königlich-Preußischen Landrat in Husum.

Dieses Amt beeinhaltete die Verwaltung der Kreisstadt Husum einschließlich der Polizeibefugnisse, wobei die Gerichtsbarkeit davon ausgeschlossen war.[14] Aber der Graf fühlte sich durch sein Amt und durch das Leben in Husum eingeengt.

Bei seiner Ernennung zum Landrat war Ludwig Graf zu Reventlow 42 Jahre alt. Danach erhielt er keine weitere Beförderung, was de facto das Ende seiner Karriere bedeutete. Ähnlich wie dem Amtsrichter Theodor Storm, mit dem die Familie Reventlow freundschaftlichen Umgang pflegte, fehlte dem Vater die «korrekte Genauigkeit des preußischen Beamten»[15].

Den Personalakten nach zu urteilen, scheint er sein Amt nicht sehr sorgfältig ausgeübt zu haben. Wilhelm Jensen, der sowohl mit Ludwig Reventlow als auch mit Theodor Storm befreundet war, charakterisierte ihn so: «Reventlow war frei von jedem thörichten Adelshochmut, doch durch und durch aristokratisch, schneidig und sarkastisch, von ungemein scharfer Denkkraft und politischer Befähigung, fraglos zu einer weit bedeutenderen Stellung als der eines Landrats in Husum berufen, und durch sein beiseite Geschobensein im Inneren ziemlich stark verbittert. Doch barg sich unter der hartspröden, mannigfach schrullenhaften Schale neben unantastbarer Ehrenhaftigkeit eine tiefe Empfindung, fast ein weiches Gemüt, so spöttisch er selbst gelacht haben würde, wenn jemand dies ihm zugemessen hätte.»[16]

Der Vater: Ludwig Graf zu Reventlow (1824–1893), Landrat des Kreises Husum

Theodor Storm bezeichnete Ludwig zu Reventlow als einen Menschen, der «schroff, brunnentief und von bedeutendem Geist und Wissen» [17] sei.

In einem in der «Frankfurter Zeitung» 1897 publizierten Porträt des Dichters Theodor Storm beschrieb Franziska zu Reventlow das freundschaftliche Verhältnis der beiden Familien. Theodor Storm las nach diesen Erinnerungen beim abendlichen Kaminfeuer aus seinen neuesten Werken vor oder gab Geister- und Spukgeschichten zum Besten. *[...] dann konnte ihn selbst das Gruseln so heftig ankommen, daß er stets eines von uns als Begleitung mitnahm, wenn er sich nach den entlegenen Gastzimmern, die er bewohnte, begeben wollte.*[18] Auch die Reventlows verkehrten regelmäßig im Hause Storm in der Wasserreihe.

Franziska litt unter der Reserviertheit und der Zurückgezogenheit ihres Vaters, gleichwohl war die konfliktreiche Beziehung zur Mutter für ihre Kindheit entscheidender. Emilie Reventlow war eine geborene Gräfin zu Rantzau und nach Theodor Storm, mit dessen Ehefrau Do sie eng befreundet war, «eine Frau auf Noth und Tod für alle, die sie liebt» [19], wie er am 14. Februar 1882 an Paul Heyse schrieb. In den autobiographischen Texten von Franziska zu Reventlow jedoch wird die Mutter als kalte, lieblose, abweisende Frau geschildert, die aus ihrer Tochter den zeitgenössischen standesgemäßen Vorstellungen entsprechend eine «Tochter aus gutem Hause» machen wollte. Die zehn Jahre ältere Schwes-

Die Mutter: Emilie Julia Anna Luise Gräfin zu Reventlow, geborene Gräfin zu Rantzau (1834–1905)

ter Agnes erfüllte die an sie gestellten Erwartungen mit Bravour, sie half bei der Haushaltsführung und unterstützte die Mutter bei den praktischen Belangen des Familienlebens. Agnes war ruhig und besonnen, versuchte in der Familie zwischen den Eltern und den Geschwistern auszugleichen. Sie hatte auch ein sehr inniges Verhältnis zum Vater und akzeptierte die ihr zugewiesene Rolle.

Kleine freundliche Latern,
Sei du Sonn und Stern;
Sei noch oft der Lichtgenoß
Zwischen Wasserreih und Schloß,
Oder – dies ist einerlei –
Zwischen Schloß und Wasserreih.
Theodor Storm an Emilie zu Reventlow

Dies vermochte Franziska zu Reventlow nicht. Die Mutter versuchte ihr Erziehungsideal der Anpassung und Selbstlosigkeit mit Strenge und Unnachgiebigkeit durchzusetzen; auch geringfügige Vergehen wurden sofort hart bestraft, und selbst körperliche Züchtigungen waren keine Seltenheit. In ihrem autobiographischen Roman *Ellen Olestjerne* verarbeitet Franziska zu Reventlow diese Erlebnisse: *[…] denn Mama und Prügel kriegen waren so ziemlich die ersten Begriffe, die ihr Bewußtsein zu fassen vermochte und die für sie in eins zusammenfielen.*[20] – *[…] nicht einmal die Hunde bekamen so viel Prügel. – Mama hatte wohl die Hunde auch viel lieber.*[21]

Die Mutter hatte das Frauenbild des 19. Jahrhunderts verinnerlicht, das «Selbstverleugnung und Anpassung, vor allem die Unterdrückung jedes eigenmächtigen, kreativen Ausdruckswillens und die Beschränkung jeglicher Glücksvorstellung auf Arbeit, Haus und Mutterschaft (Kinder, Küche, Kirche)»[22] beinhaltete, und wollte dieses, um ihre eigene Lebensgestaltung nicht in Frage stellen zu müssen, an ihre Töchter weitervermitteln.

Franziska jedoch fühlte sich ungeliebt, zurückgesetzt und gedemütigt und führte diese Verletzungen auf ihr Geschlecht zurück, denn die Brüder wurden geliebt, verwöhnt und vergöttert. In *Ellen Olestjerne* beschrieb sie, wie das Kindermädchen im Scherz Ellen versprach, an ihrem sechsten Geburtstag würde sie ein Junge werden. Ellen war getröstet. Als Mädchen war ihr das nicht erlaubt, was Jungen selbstverständlich war – sie hatte auf ihre Rüschenkleider zu achten, durfte nicht auf Bäume klettern und musste sich ruhig und anständig betragen. Der Geburtstag kam; Ellen war noch immer ein Mädchen, und die Enttäuschung war groß. Stattdessen wurde sie mit Hohn und Spott konfrontiert, weil sie dem absurden Versprechen Glauben geschenkt hatte. Und dann begann auch noch der Unterricht der Mutter: Lesen, Schreiben und Rechnen. Wenn sie der Mutter nicht genügende Erfolge brachte, *kam das Allerschlimmste: der lange, graue Strumpf, an dem sie zur Strafe stricken mußte; – der Strumpf, der nie ein Ende nahm und auf den viele, viele Tränen hinunterliefen […].*[23]

Für das phantasiebegabte, lebhafte Kind Franziska wurden die Unterdrückung jeder freien Regung, die Strenge und Engherzigkeit der Mutter zu einer traumatischen Erfahrung. Mit Metaphern des Kampfes und des Krieges hat Franziska zu Reventlow mehrfach das Verhältnis zur Mutter beschrieben. An ihren späteren Jugendfreund Emanuel Fehling in Lübeck schrieb sie am 16. April 1890: *Sie können sich denken, wie grausam schwer diese häuslichen Verhältnisse sind, wenn man sich nach Liebe sehnt und immer zurückgestoßen wird; ich habe früher meine Mutter leidenschaftlich geliebt und förmlich danach gelechzt, von ihr geliebt oder wenigstens freundlich wie die anderen behandelt zu werden, aber allmählich hat sich das abgestumpft und erkaltet, und es ist beinahe Krieg zwischen uns; sehr selten geht es gut miteinander und immer nur kurze Zeit.*[24]

Wenn es ihr gelang, der erdrückenden mütterlichen Sphäre zu entweichen, wandte sie sich nicht der zehn Jahre älteren Schwester Agnes zu, sondern ihrem Bruder Karl, genannt Catty, was bei dem unterschiedlichen Temperament der Schwestern auch nicht verwunderlich ist. Mit Catty konnte sie in ein *Kindersommersonntagnachmittagsgefühl*[25] versinken.

Eine ihrer Lieblingsvorstellungen war es, einem Zirkus beizutreten. Die Faszination für das fahrende Volk ließ sie ihr ganzes Leben nicht los. Noch im Alter von 45 Jahren zog sie allen Ernstes in Erwägung, als Zielscheibe für einen Messerwerfer zu arbeiten. In *Ellen Olestjerne* heißt es: *Sie dachte immer noch daran, einmal fortzulaufen zu den Zigeunern, hatte sich heimlich beim Tischler Kniestelzen machen lassen und übte sich in Purzelbäu-*

men, um bereit zu sein, wenn der Augenblick kam. Ach, und dann im grünen Wagen von Jahrmarkt zu Jahrmarkt, konnte es wohl etwas Schöneres geben?[26]

Die Neigung zu Zirkusleuten und Gauklern findet sich auch bei anderen Dichtern und Malern der Jahrhundertwende. Pablo Picasso zum Beispiel malte in jenen Jahren immer wieder Gaukler und Zirkusleute, Frank Wedekind fühlte sich von der Zirkuswelt angezogen, und Else Lasker-Schüler empfand den Zirkus als «ein blühendes Abenteuer. Es ist, als ob ich brausenden, dunklen Wein trinke, und ich vergesse alles, was grau ist und hinkt. Ich sitze in einem bunten, jauchzenden Schoß, und um ihn herum wachsen ragende Gefahren, die aber lustige Kleider tragen.»[27] Die Zirkuswelt als Gegenbild zur Starre der aristokratischen Welt zu beschreiben ist bei Franziska zu Reventlow Ausdruck ihres emphatischen Freiheitsdranges.

Im Frühjahr 1878 starb Theodor, der älteste Bruder, nach längerer Krankheit an Gelenkrheumatismus.[28] Für die Siebenjährige war diese frühe Konfrontation mit dem Tod ein einschneidendes Erlebnis, und zugleich veränderte das Ereignis das Familienleben. Die Mutter konnte den Tod des ältesten Sohnes nicht überwinden, sie wurde leidend und melancholisch. Sie überließ die Erziehung zunächst einem liebevollen und verständnisvollen Kindermädchen, das aber bald eine andere Stelle annahm. Dann stellte man eine Gouvernante ein, die entsprechend dem Wunsch der Eltern bestrebt war, mit *gütiger Strenge*[29] das Erziehungskonzept durchzusetzen.

Franziska und ihrem Bruder Catty gelang es aber immer wieder, sich zeitweilig von den erzieherischen Maßnahmen zu befreien. Franziska wollte den *Abscheu-Blicken*[30] der Mutter entgehen und sich ihre eigene Phantasiewelt mit Rittern und Königen vorstellen. Die Situation änderte sich mit Cattys Eintritt in das Gymnasium und mit Franziskas vierzehntem Geburtstag. Die Mutter befand nun, sie habe sich nicht genügend um die Erziehung ihrer jüngsten Tochter gekümmert, und konzentrierte sich auf den Versuch, Franziska in ihre Schranken – die eines jungen Mädchens aus adligem Hause – zu weisen. Die Tochter musste an *den schönen freien Nachmittagen mit einer Näharbeit im Wohnzimmer*[31] sitzen. Die ersten Tanzbälle fanden statt, auf denen Franziska zu Reventlow mit den Jugendlichen der Stadt zusammentraf, sich aber zum Teil durch ihre unmodische und einfache Kleidung deplatziert fühlte. Gegenüber ihrem Jugendfreund äußerte sie sich spöttisch über die Erziehung der Mädchen, die vor jeglicher Bildung bewahrt werden, die aber auch nicht mit dem Wort «Liebe» in Berührung kommen sollten, *außer auf den Bällen, deren es ca. zwanzig im Winter gibt und zu denen die Mütter dann mit ihren Töchtern und einem Altar in der Tasche hinfahren. Während die unglücklichen Schlachtopfer arglos sich amüsieren, sitzen die Mütter in langen Reihen umher, beobachten mit mehr wie Argusaugen, wer wem die Cour macht etc. und tun ihr Möglichstes, um Partien zu machen. Was sie darin in einer Ballsaison zustande bringen, ist unglaublich.*[32]

Eine Reise der Eltern und die Erkrankung der Gouvernante nutzten Franziska und Catty, um ausgiebig in der Stadt herumzustreunen und sich zu amüsieren. Als die Eltern nach

Husum zur Storm-Zeit. Foto von R. Ström, um 1864

ihrer Rückkehr von diesen Ausschweifungen erfuhren, entschlossen sie sich, die Erziehung Franziskas an ein Mädchenpensionat in Thüringen zu delegieren. Sie sahen keine Möglichkeit mehr, ihr rebellisches und aufrührerisches Wesen zu bändigen, und hofften, den pädagogisch ausgebildeten Lehrkräften im Freiadeligen Magdalenenstift in Altenburg werde dies gelingen.

In dem protestantischen Pensionat hatte die Familie durch die Tante Louise Gräfin zu Reventlow, geborene Freiin Löw von und zu Steinfurth, eine Freistelle erhalten, die jedoch von der Familie mit monatlichen Beiträgen bezuschusst werden musste. In einem Prospekt mit dem Titel «Plan der mit dem Freiadeligen Magdalenen-Stifte bei Altenburg im Herzogthum Sachsen verbundenen Erziehungsanstalt»[33] aus dem Jahr 1881 heißt es über das pädagogische Konzept der Anstalt: «Mit dem freiadeligen Magdalenenstift ist eine Erziehungsanstalt für Töchter aus adeligen protestantischen Familien verbunden. Die ausschließliche Leitung derselben ist unter dem Vorsitz eines Stiftsprobstes der Frau Stiftspröbstin übergeben. Der Unterricht umfaßt auch die Erlernung der französischen und englischen Sprache. Im Schönschreiben, Zeichnen und Malen, so wie in der Musik, im Gesang und Tanz wird Unterricht ertheilt. Der gesammte Unterricht wird von dem Stiftspfarrer, einem bei dem Stifte angestellten Candidaten, den Erzieherinnen und Lehrern aus der Stadt gegeben.»[34]

Die damalige Leiterin, Gräfin Zedlitz-Trützschler, wurde von Franziska zu Reventlow mit ähnlichen Adjektiven beschrieben, wie sie ihre Mutter dargestellt hat. Die Pröbstin trat ihr streng und unerbittlich gegenüber; Franziska erfuhr dadurch eine vergleichbare Ablehnung wie bei der Mutter. Gleichwohl genoss die Stiftspröbstin in bestimmten Kreisen einen guten Ruf. In den Erinnerungen von Anna Freifrau von Zedlitz wird der «Geist der strengsten Pflichterfüllung und Selbstzucht»[35] hervorgehoben, und bei einer anderen ehemaligen Schülerin wird das Ergebnis ihrer Leitung gelobt: «Der Aufenthalt in dem Institut hat für sie [die Schülerinnen] den unschätzbaren Wert einer Gewöhnung an Einfachheit, Ordnung, Fleiß und regelmäßige Zeiteinteilung; sie können kaum anders als sich auf das Lernen konzentrieren.»[36]

Für Franziska bedeutete die Einweisung in das Stift im Jahr 1886 eine Strafe, sie wurde, wie sie an Emanuel Fehling schrieb, *ins Exil*[37] geschickt und litt trotz der quälenden Situation im Elternhaus sehr darunter, abgeschoben und ihrem geliebten Husum entrissen zu werden. *Man ist eingesperrt wie im Zuchthaus und kommt gar nicht heraus, außer bei dem langweiligen Spaziergang, wo man in Reih und Glied geht und vor jedem Hofwagen knicksen muß.*[38] Sowohl in *Ellen Olestjerne* als auch in einer autobiographischen Skizze, die Franziska zu Reventlow als Jugendliche verfasste, beschrieb sie ihre Erlebnisse aus der Zeit des Aufenthaltes im Mädchenpensionat von 1886 bis 1887. Sie betonte in beiden Texten, wie sie sich (beziehungsweise wie sich die Protagonistin Ellen Olestjerne) gegen die strengen Be-

Franziska als Internatsschülerin, 1886

stimmungen der Lehranstalt aufgelehnt hat. Ihr rebellischer Charakter hat sich unter diesen Bedingungen noch stärker herauskristallisiert. In *Ellen Olestjerne* heißt es, dass die Protagonistin aus Protest die treffenden Worte in die Tür des Kleiderschrankes einritzt: *Ich habe nie das Knie gebogen – den stolzen Nacken nie gebeugt.*[39]

Besonders schlimm empfand Franziska zu Reventlow die Kontrolle ihrer Briefsendungen, sowohl der an sie gerichteten als auch der von ihr selbst geschriebenen. Ihr Bruder Ludwig, der zu dieser Zeit in Kiel Jurisprudenz studierte, bemerkte am 27. Mai 1886: «Für Deinen schön geschriebenen Brief meinen Dank. Ich merkte ihm an, daß er nachgesehen war.»[40] Die Einschränkung ihrer Persönlichkeitssphäre war ihr unerträglich, und sie versuchte, bei ihren Besuchen in der Stadt ihre Post heimlich aufzugeben. Solche Vergehen kamen natürlich heraus, spätestens dann, wenn die Empfänger in ihren Antwortschreiben darauf eingingen, und Franziska erhielt eine *donnernde Rede über den Betrug mit den Briefen*[41]. Verbote und Strafen gab es zuhauf. Obst aus dem Garten durfte zum Beispiel nicht gegessen werden. An manchen Tagen musste Französisch gesprochen werden, bei einer deutschen Silbe wurde gleich eine Mark vom Taschengeld eingezogen. Die Schülerinnen begingen Streiche; sie verkleideten sich nachts mit Betttüchern und schufen Spukatmosphäre, unter der die hilflosen Gouvernanten erschraken. Sie tobten abends mit Gesang und Tanz im Schlafsaal herum oder unternahmen nächtliche Entdeckungsreisen durch das Stift. Diese Eskapaden wurden als schwere Vergehen geahndet; wie es in der autobiographischen Skizze *Altenburg* heißt, lautete das moralische Urteil über die im Grunde harmlosen Streiche aus dem Munde der Stiftspröbstin: *Die Sünde ist unter euch wie ein fressender Eiter.*[42]

Ein anderes typisches Internatsphänomen waren die sich bildenden engen Freundschaften. Franziska schwärmte zunächst für ein Mädchen namens Leonie von Massow, von dem sie sich aber nur zu bald ausgenutzt fühlte. Sie wandte sich mit ihrem ganzen Enthusiasmus Editha Wartensleben zu und ging in dieser Freundschaft auf.

Zum Geburtstag wollte sie Editha den Gedichtband «Edelweiß. Für Frauensinn und Frauenherz. Eine Auswahl aus der neuern und neuesten Lyrik»[43] zum Geschenk machen, einen zu jener Zeit beliebten, mit Stichen und Vignetten verzierten Lyrikband. Nun hatte sie aber kein Taschengeld mehr zur Verfügung und sah sich gezwungen, sich für den Kauf des Bandes Geld zu leihen. Sie beherrschte «schon im zarten Alter von fünfzehn Jahren die Feinheiten des Kreditwesens bis in die schwierigsten Verästelungen des Termin- und Wechselgeschäfts, der Umschuldung und des Vergleichs»[44] und hatte alsbald das Geld für den Gedichtband zusammengeborgt. Ihre Finanzsituation war jedoch bekannt, und sie konnte sich den Band nicht selbst bestellen, weil die Frage gestellt worden wäre, wie sie zu den Geldmitteln gekommen sei. Sie ließ ihn sich kurzerhand über eine Mitschülerin besorgen. Der Coup flog auf, als Franziska und Editha gemeinsam in den Gedichten lesend erwischt wurden. Der Skandal war perfekt. Schuldenmachen war strengstens verboten, und die Pröbstin sah keine andere Möglichkeit mehr, als Franziska des Stiftes zu verweisen. Mit Rücksicht auf die Eltern räumte sie ihr das Recht ein, bis Ostern, das heißt bis zur Konfirmation, im Stift zu bleiben.

Von allen Schülerinnen gemieden, erfuhr sie, was es bedeuten konnte, eine Außenseiterin zu sein. Die Isoliertheit wurde damit zur schmerzlichsten Erfahrung in Altenburg.[45] In *Ellen Olestjerne* beschrieb Franziska zu Reventlow ihre Reaktion auf die Reglementierungsmaßnahmen. Ellen versucht, sich nicht unterkriegen zu lassen, und gerät in einen *förmlichen Rausch von Auflehnung*[46]. Beim morgendlichen Wasserholen *balancierte sie die blecherne Waschschüssel auf dem Kopf und behauptete, sie könnte kein Blech anfassen. Beim Mundspülen gurgelte sie nur in Melodien und sagte, es käme ganz von selber, sie könnte es nicht lassen. Und wenn alle im Bett lagen, fing sie an zu heulen wie ein wildes Tier in langgezogenen Tönen die halbe Nacht hindurch, so daß niemand schlafen konnte.*[47] Auf die Beschwerde der Aufseherin antwortet Ellen, sie könne nicht anders, weil sie doch so traurig sei.

Erstaunlicherweise war es der Pastor Arnold Braune, der in

Reventlows Zeit im Stift ihr Vertrauen gewann. Im Religionsunterricht war sie eine besonders aufmerksame Schülerin und bekam recht gute Noten, während die Betragensnoten (leidlich und ungenügend) und die «Besonderen Bemerkungen» auf eine nicht sehr eifrige Schülerin schließen lassen: «Durch Mangel an Pflichttreue und Gewissenhaftigkeit war sie ein nachteiliges Beispiel für Andere» [48]. Der Geistliche indes zeigte Verständnis und Wohlwollen. Bei der Konfirmation am Osterfest *kam es mir vor, als ob der Pastor in ganz besonderem Tone und ganz allein zu mir spräche*[49]. Er war derjenige, der bei ihrem Abschied vom Stift auf sie zuging und sich mit herzlichen Worten von ihr verabschiedete.

Franziska wurde von ihrer Mutter aus Altenburg abgeholt. Endlich ging es wieder nach Husum. Mit der «grauen Stadt am Meer» [50] verband sie zeitlebens eine große Liebe, wie es viele Äußerungen in ihren Briefen und Tagebüchern belegen. Sie freute sich sehr auf die Geschwister und verknüpfte mit der Rückkehr – bei allen mehr oder minder ernsthaft gefassten Vorsätzen, sich zu bessern – die Hoffnung auf eine positive Veränderung ihrer Stellung im Familienleben: *Jetzt wollte ich so ernsthaft werden, daß mich niemand mehr erkennen sollte, wenn das Lachen dann ja doch eine Todsünde war. Mit all diesen guten Vorsätzen fuhr ich in Husum ein und sah mit Wonne den alten Kirchturm zwischen den Bäumen wieder hervorsehen und meine Brüder am Bahnhof.*[51]

Ein Triumphzug wurde die Heimreise nach Husum indes nicht. Der Vater sprach kaum ein Wort zu ihr und resignierte über den aufsässigen Charakter der Tochter. Franziskas Schwester Agnes versuchte zwischen Vater und Tochter zu vermitteln und bat ihn vergeblich um den ersten Schritt zur Versöhnung. In dem Roman *Ellen Olestjerne* lässt Franziska zu Reventlow jedoch deutlich werden, dass der Vater so hart und unerbittlich nicht war und er ihr eine Hilfe sein wollte. Der Vater hatte gehofft, eine Trennung von Mutter und Tochter könne eine Verbesserung ihres Verhältnisses bewirken; deshalb hatte er sie in das Magdalenenstift nach Altenburg geschickt.

Die Geschwister: Karl, Franziska, Agnes, Ernst und Ludwig zu Reventlow (v.l.n.r.)

Dennoch verschlechterte sich die Situation im Elternhaus nach ihrem Aufenthalt im Pensionat. Sie *fühlte sich überflüssig, im Wege, ausgeschlossen. So warf sie sich ins Gras und weinte – ja, die Heimat, die hatte sie nun wieder, aber sonst war alles wie früher, täglicher Kampf und tägliche Quälerei, nur noch rettungsloser und verfahrener durch die unglückselige Pensionsgeschichte.*[52]

Die Mutter quälte sie verstärkt mit Verboten, die der Tochter unsinnig vorkamen, und Franziska zu Reventlow vermutete, dass die Mutter diese Verbote genau bei den Dingen aussprach, die ihr Freude bereiteten. Freude bereitete ihr vor allem das Schreiben von Gedichten; sie begann ein Tagebuch zu führen, das leider nicht erhalten blieb, und entwickelte den Wunsch, Malerin zu werden. Die künstlerischen Ambitionen der Tochter versuchte die Mutter zu unterbinden, die Malerei betrachtete sie als nutzlose Tätigkeit und lehnte die ersten Versuche Franziskas als *altes Geschmier*[53] ab. Als die Mutter eines Tages in ihrem Zimmer «spionierte», entdeckte sie Briefe an ihre Freundin Editha, in denen sie sich über die unerträgliche Situation in der Familie beklagte, und, was noch schlimmer war, das Buch mit selbst geschriebenen Gedichten. Ihr Kommentar zu den literarischen Bemühungen: *Was ist denn das für ein unerhörtes Zeug? Schämst du dich nicht, so was zusammenzuschmieren?*[54]

Nach dieser harten Auseinandersetzung mit der Mutter und einem langen Gespräch mit dem Vater wurde beschlossen, dass Franziska zu Verwandten aufs Land fahren sollte. So verbrachte sie die Zeit ab Juni 1887 abwechselnd bei Verwandten auf dem Gut in Kaltenhofen, wo ihr Onkel Graf zu Reventlow lebte, bei ihrer Tante Liane von Qualen, geb. Reventlow, in Wulfshagen im Kreis Eckernförde und schließlich in Preetz in der Holsteinischen Schweiz.

Hier verlebte sie anregende Monate bei der jüngeren Schwester der Mutter, bei Fanny Gräfin zu Rantzau, die als Konventualin im Kloster Preetz lebte und im Gegensatz zu ihrer Schwester sehr an Literatur und Kunst interessiert war. Durch sie erfuhr Franziska zu Reventlow eine Förderung ihrer künstlerischen Neigungen und eine Unterstützung in ihrem Wunsch, Malerin zu werden. Die Tante richtete ihr ein Zimmer als Atelier ein und engagierte eine in der Nähe lebende Künstlerin, sie zu unterrichten. Die Malerin und Bildhauerin «Fräulein» Heine wurde zu Franziskas großem Vorbild und verstärkte ihre Begeisterung für künstlerisches Schaffen. An Emanuel Fehling schrieb Franziska zu Reventlow später über die von ihr verehrte Lehrerin: *Der Umgang mit Frl. Heine ist mir ungemein anregend; sie ist eine große Idealistin, die alles durch die Kunst ansieht, und ihr ganzes Leben ganz derselben hingegeben hat.*[55]

Franziska zu Reventlow fand in der Kunst ein Gegenbild zu dem, was ihre Mutter als erstrebenswert erachtete. Die Kunst, gleichbedeutend mit dem von Franziska zu Reventlow emphatisch benutzten Begriff «Leben», eröffnete ihr eine neue Welt, eine Welt in Freiheit, einen *Traum von immerwährender Glückseligkeit*[56].

Zum Weihnachtsfest 1888 sollte sie wieder nach Hause kommen. Der Vater unterbreitete seiner Familie dabei den Plan, nach seiner Pensionierung nach Lübeck umzuziehen. Er fühlte sich in Husum eingeengt und hoffte, in Lübeck geistige Anregungen zu erhalten. Ludwig Reventlow freute sich auf die Veränderung der Lebenssituation. Die Mutter und die Geschwister wollten sich nur ungern von dem geliebten Husum und dem alten Schloss trennen. Doch musste das Husumer Schloss ohnedies nach der Pensionierung des Vaters geräumt werden, da es den Amtssitz des Königlich-Preußischen Landrats darstellte und nicht im Besitz der Familie war.

Bis zum endgültigen Umzug nach Lübeck im September 1889 verbrachte Franziska zu Reventlow die Zeit wieder bei Verwandten. Sie machte sich nun ernsthaft Gedanken über ihre Zukunft. Ihr Wunsch war es, Malerin zu werden; gleichzeitig aber war ihr klar, dass die Eltern die Erlaubnis zu einer Ausbildung nicht erteilen würden.

Dem Vater unterbreitete sie deshalb den Vorschlag, ein Lyzeum, eine höhere Töchterschule, zu besuchen oder sich in einem Lehrerinnenseminar ausbilden zu lassen. In einem Brief vom 20. September 1889 lehnte der Vater ihre Vorschläge mit der Begründung ab, finanzielle Schwierigkeiten ließen eine Ausbildung nicht zu. In der Tat war die finanzielle Situation der Reventlows schwierig nach der Pensionierung des Vaters und dem damit einhergehenden geringeren Gehalt, noch dazu, wo sich die drei Söhne in der Ausbildung befanden und diese finanziert werden mussten.

Bevor eine Entscheidung getroffen wurde, fand jedoch der Umzug der Reventlows nach Lübeck statt. Franziska zu Reventlow kehrte zu ihrer Familie zurück.

Ibsenclub und Aufruhr (1889 – 1893)

Das neue Zuhause in Lübeck befand sich in der Moislinger Allee 30, nicht weit entfernt von der Marienkirche, die für Franziska zu Reventlow eine besondere Bedeutung gewinnen sollte – als Ort heimlicher Treffen mit ihrem ersten Jugendfreund Emanuel Fehling. Den Umzug organisierte vor allem die Schwester Agnes mit der Unterstützung der Brüder, denn die Mutter war in dieser Zeit bettlägerig, und Franziska hielt sich noch bei den Verwandten in Kaltenhofen und Wulfshagen auf. Sie kam erst im Oktober nach Lübeck.

Durch ihren Bruder Catty, der das Katharineum in Lübeck besuchte, lernte sie Emanuel Fehling kennen, Sohn des Rechtsanwalts und Senators der Freien und Hansestadt Lübeck Emil Ferdinand Fehling. Dessen Frau Maria war die Tochter des zu jener Zeit berühmten Dichters Emanuel Geibel. Das Ehepaar hatte noch acht weitere Kinder, von ihnen wurde der zweitjüngste Sohn Jürgen später als Regisseur bekannt. Emanuel Fehling ermöglichte Catty den Besuch des Lübecker Ibsenclubs, und Catty wiederum führte bald darauf seine Schwester in den Ibsenclub ein.

Im wilhelminischen Deutschland waren solche Clubs in vielen Städten von oppositionellen bürgerlichen Jugendlichen gegründet worden, sodass Karl Wolfskehl in seinen «Schüler-Erinnerungen» von einer «Ibsenjugend»[57] sprechen konnte, Ludwig Klages gar von einem «Ibsenzeitalter»[58]. Franziska zu Reventlow las bereits in Husum die Dramen des norwegischen Autors Henrik Ibsen (1828 – 1906) und begeisterte sich für ihn. In einem ihrer ersten Briefe an Emanuel Fehling schrieb sie: *Ich verdanke Ibsen sehr viel, seine Ideen und seine Menschen sind begeisternd und man hat so das Gefühl, als ob er einem klar sagt, was man unklar gefühlt hat.*[59] Auch in *Ellen Olestjerne* beschreibt sie, wie sie durch die erste Lektüre der Werke Ibsens Halt und Bestätigung fand: *Früher empfand ich es immer als eine Art Unrecht gegen meine Eltern, mich so dagegen aufzulehnen und heimliche Sachen zu tun, aber nun ging es mir plötzlich auf, daß jeder ein unveräußerliches Recht an sein Ich und sein eigenes Leben hat.*[60] Die durchaus zeittypische Begeisterung für Ibsen hatte ihre Ursache darin, dass sich Ibsen in seinen Dramen gegen konventionelle Moralvorstellungen auflehnte und sich gegen gesellschaftliche Heuchelei und die Selbsttäuschung der Menschen äußerte. Gerade von jugendlichen Leserinnen und Lesern wurde die ethische Dimension der Werke rezipiert und Ibsens Glaube an den neuen Menschen, der zur «wahren Sittlichkeit» durch die Möglichkeit freien Handelns gelangen könne, als richtungsweisende Idee aufgenommen.

Es war das Thema der menschlichen Freiheit, das auch Franziska zu Reventlow an Ibsen faszinierte. In einem Brief an Emanuel Fehling äußerte sie sich über das Drama «Die Frau vom Meer», das seit 1888 in deutscher Übersetzung vorlag. Auch wenn sie den Konflikt der Hauptperson Elida nicht unbedingt nachvollziehen könne, bewundere sie die moralische Aussage des Textes: *Die Lösung dagegen ist schön und wahr, daß sie durch die Freiheit des Handelns, die ihr Mann ihr gibt, selbständig wird und sittlich handelt. Darin liegt doch unendliche Wahrheit und man fühlt sich tief von derselben berührt. Ich glaube auch fest, daß man eher durch Freiheit wie durch moralischen Zwang – unter welchem sich fast alle Frauen und Mädchen sich unterjochen lassen – zur wahren Sittlichkeit gelangt, wenn auch diese verschrobenen lächerlichen Sittengesetze dabei flöten gehen.*[61]

Die Mitglieder des Lübecker Ibsenclubs, der neben den Geschwistern Reventlow und Emanuel Fehling unter anderem aus Grete und Paul Fehling, Käthe Wohlert und Karl Schorer bestand, rezipierten jedoch nicht nur die Werke Henrik Ibsens. Sie trafen sich heimlich und tauschten untereinander Bücher aus. Die von Franziska zu Reventlow in ihren Briefen erwähnten Bücher zeugen von einer großen Kenntnis der aktuellen Literatur. Sie las «Schuld und Sühne» von Fjodor Dostojewskij, «Anna Karenina» von Leo Tolstoj und «Väter und Söhne» von Iwan Turgenjew, außerdem die Romane von Émile Zola. Es waren genau die Werke, die Einfluss auf die Entwicklung des deutschen Naturalismus hatten. Auch die Dramen von Gerhart Hauptmann fanden Eingang in den Ibsenclub.

Außerdem hatte Franziska zu Reventlow durch ihre Lektüre der «Freien Bühne», des Sprachrohrs der naturalistischen Richtung, einen guten Überblick über die aktuellen literarischen Strömungen und über das Theaterleben gewonnen. Die 1890 von dem Berliner Theaterkritiker Otto Brahm gegründete Zeitschrift (ab 1894 unter dem Titel «Die neue Rundschau») versuchte, zeitgenössischen Autoren den Weg zum Publikum zu ebnen und mit dem gleichzeitig entstandenen Verein «Die Freie Bühne» die bis zum Ende des Kaiserreichs existierende preußische Zensurbehörde zu umgehen.

Beeindruckender noch als das Ibsen-Erlebnis war für Franziska zu Reventlow die Lektüre von Friedrich Nietzsches «Zarathustra». Mit ihrem Bruder las sie das Buch und beschrieb diese Erfahrung pathetisch in dem Roman *Ellen Olestjerne.*

Sie bebten beide – der Himmel tat sich über ihnen auf in lichter blauer Farbe – jedes Wort löste einen Aufschrei aus tiefster Seele, band eine dumpfe, schwere Kette los, sagte etwas, was kein Mensch sagen konnte oder je gesagt hatte, wonach man im Dunkeln herumgetappt hatte und geglaubt, es nie zu finden. Das war nicht mehr Verstehen und Begreifen – es war Offenbarung, letzte äußerste Erkenntnis, die mit Posaunen schmetterte – brausend, berauschend, überwältigend. Und alles andere, der Alltag, das Alltagsleben und -empfinden schrumpfte in eine öde, farblose Masse zusammen, verlor sein Dasein – nur das wahre, heilige, große Leben leuchtete, lachte und tanzte.[62]

Über ihre Teilnahme am Ibsenclub durfte in der Familie nichts bekannt werden. Franziska zu Reventlow vertraute dies ihrem ältesten Bruder Ludwig an, den sie deshalb so schätzte, weil er früher eine ähnliche Position in der Familie eingenommen hatte wie sie selbst. Außerdem stand er im Verdacht, die Sozialdemokraten zu wählen. Sie bat ihn um höchste Verschwiegenheit und Vorsicht. Noch viel weniger als die Teilnahme am Ibsenclub durfte allerdings ihre Freundschaft zu Emanuel Fehling bekannt werden. Im Grunde stellte dies eine paradoxe Situation dar. Beide bekannten sich zu Wahrheit und wahrer Sittlichkeit, wandten sich gegen Heuchelei und die Doppelmoral der Gesellschaft, waren aber gezwungen, sich heimlich zu treffen.

Die Freundschaft zwischen Franziska zu Reventlow und Emanuel Fehling bestand ungefähr anderthalb Jahre. Der Briefwechsel begann im März 1890 in Lübeck und wurde fortgesetzt, als Franziska zu ihrem regelmäßigen Sommeraufenthalt aufs Land fuhr. Auch nach ihrer Rückkehr zu ihrer Familie schrieben sie sich regelmäßig bis zum Ende ihrer Freundschaft im Oktober 1891. Die Briefe an Emanuel umfassen fast ein Drittel der 1971 herausgegebenen Edition der Briefe Franziska zu Reventlows und veranschaulichen eine trotz familiärer Repressalien und erzwungener Heimlichkeit innige Freundschaft.

Emanuel Fehling

Die notwendige Verschleierung ihrer Zusammenkünfte erschwerte einerseits den Umgang miteinander, andererseits gewann die Beziehung dadurch einen eigentümlichen Reiz. Am Anfang waren nicht einmal der Bruder Catty oder die Freundin Käthe Wohlert eingeweiht.

In den Briefen an Fehling äußerte sich Franziska über ihren Wunsch, Malerin zu werden, und schrieb über die Strategien, die sie zur Verwirklichung dieses Vorhabens entwickelte. Da ihre Eltern ihr eine Ausbildung an einer Kunstakademie, wie sie zum Beispiel in Kassel auch für Frauen möglich war, nie erlaubt hätten, beharrte sie auf dem Plan, das Lehrerinnenseminar zu absolvieren, und versuchte ihren Vater immer wieder davon zu überzeugen. Nachdem sie im Sommer 1890 wieder bei den Verwandten in Preetz und Wulfshagen war, konnte sie schließlich die Erlaubnis für den Besuch des Seminars erwirken. Dabei hatte sich neben der Vermittlung der «Preetzer Tante», Fanny Gräfin zu Rantzau, noch der Zuspruch von Pastor Bernhard, einem Freund der Familie, positiv ausgewirkt.

Auch wenn Franziska zu Reventlow nicht unbedingt mit pädagogischen Ambitionen den Besuch des Seminars begann, hat sie sich gleichwohl zeit ihres Lebens mit Fragen der Erziehung auseinander gesetzt. Schwerpunkt der Kritik am wilhelminischen Erziehungssystem war ihre Ablehnung der zeitgenössischen Mädchenerziehung und der ungleichen Schulbildung von Mädchen und Jungen sowie ihre Ablehnung der Sexualfeindlichkeit. Im Nachlass fand sich ein Aufsatz mit dem Titel *Erziehung und Sittlichkeit*, den sie vermutlich 1903 geschrieben hat.[63] Darin äußert sich Franziska zu Reventlow scharf gegen körperfeindliche Erziehungsmaßnahmen. *Wir werden uns dabei unbedingt in einen schroffen Gegensatz zu der Erziehungsmethode stellen müssen, die in allen guten Familien üblich ist und deren Hauptcharakteristikum das Verschleiern und Vertuschen aller das Geschlechtsleben betreffenden Fragen ist.*[64]

An Emanuel Fehling schrieb sie am 30. April 1890 ausführlich über die zeitgenössische Mädchenerziehung: *Sie machen sich gar keinen Begriff, wie mit solch unglücklichen Backfischen zu Hause und in Pensionen verfahren wird, ihnen werden die unnötigsten, uninteressantesten Kenntnisse eingetrichtert, furchtbar viel Religion, Grammatik, Handarbeiten und Klavier. Sie sollen gewaltsam in eine Schablone gepreßt werden; was dabei herauskommt, können Sie an den Durchschnitts-jungen Mädchen und -Frauen sehen, ungebildete, bleichsüchtige, spitzenklöppelnde, interessenlose Geschöpfe; die, wenn sie sich verheiraten, in Haushalts- und Kindergeschichten aufgehen und ihrem Mann unmöglich etwas sein können, als eben seine Hausfrau – bleiben sie ledig, so entsteht aus ihnen die Sippe der unleidlichen alten Jungfern, über die sich alles lustig macht, deren Wirkungskreis in Kaffeeklatsch und Diaspora besteht.*[65]

Durch ihre Freundschaft mit Emanuel Fehling und ihre Teilnahme am Ibsenclub, aber auch durch ihre Beschäftigung

Tannen im Mondlicht.
Zeichnung von Franziska zu Reventlow, 1890

mit Kunst und Literatur und ihrem Streben nach Bildung lehnte Franziska zu Reventlow sich gegen das zeitgenössische Frauenbild auf, das sie mit den Worten beschrieb, die Frau stelle doch nur *Wohnstubendekoration oder ein brauchbares Haustier*[66] dar.

In der Beziehung zu Emanuel Fehling fand sie Halt und Bestätigung, und sie erfuhr, was es bedeuten kann, einem Menschen zu vertrauen. In den Briefen stilisierte sie ihre Liebe zu einer Art Lebensrettung. *Wenn ich mir denke, daß ich ohne Dich leben sollte – es ist eine Unmöglichkeit, ebensowenig wie der Tag ohne die Sonne sein kann. Du bist ja meine Sonne und leuchtest mir durch die Trübheit und das Elend des Lebens – ohne Dich würde ich in demselben untersinken, untergehen. Nur durch Dich und Deine Liebe kann ich mich darüber halten.*[67] Zu einer körperlichen Liebesbeziehung kam es zwischen ihnen jedoch nicht. Theoretisch sprachen sie sich für die «freie Liebe» aus. Aber das von Franziska zu Reventlow in den Briefen an Emanuel Fehling entwickelte Liebesideal war ein romantisches: der Traum von der einzigen und immer währenden Liebe, die ihre Stärke aus der geistigen und seelischen Verbundenheit gewinnt.

Ansonsten nahm das alltägliche Leben, der Besuch des Lehrerinnenseminars, breiten Raum in den Briefen Franziskas ein. Die Vorbereitungen zur Aufnahme in das Seminar traf sie noch bei ihren Verwandten auf dem Land. Zur Aufnahmeprüfung, die am 10. Oktober 1890 stattfand, musste sie im Vorfeld Hausarbeiten einreichen: Rechenarbeiten, Übersetzungen aus dem Französischen und Englischen sowie einen Aufsatz zum Thema: *«Warum lehnt Iphigenie den Antrag des Thoas ab. Wirkliche und angebliche Gründe»*[68]. Die Aufnahmeprüfung bestand sie ohne Probleme, und sie begann die Ausbildung mit großem Eifer und Fleiß. Die Arbeit wurde von der «blendend schönen blonden Seminaristin»[69] als wohltuend empfunden – mit einem Ziel vor Augen erledigte sie ihre Hausaufgaben mit Begeisterung.

An Emanuel Fehling schrieb sie am 28. Oktober 1890 kurz vor Mitternacht, dass sie am nächsten Morgen früh aufstehen müsse: *Ich habe noch einen englischen Aufsatz, der sehr leicht ist, aber von dem ich noch keinen Strich habe machen können, dann Geometrie, Physik, Rechnen, 3 Gesangverse, Vokabeln, und massenhaft Religion lernen, 7 Gleichnisse etc.*[70] Besonders gern mochte sie ihren Deutschlehrer und freute sich, wenn sie ihn im Theater traf und sich mit ihm unterhalten konnte. Er rügte zwar ihre Orthographie und Interpunktion, lobte aber ihre Aufsätze. Zuweilen schwänzte Franziska zu Reventlow den Unterricht, um sich mit Emanuel Fehling in der Marienkirche zu treffen oder Spaziergänge mit ihm zu unternehmen. Auch hatte sie viel Spaß mit ihrer Freundin und Mitseminaristin Käthe Wohlert aus dem Ibsenclub, die zu jener Zeit mit dem späteren Schriftsteller Hanns Heinz Ewers befreundet war. Die Freundinnen begleiteten den Unterricht bisweilen mit Lachsalven und Kichern.

Franziska zu Reventlows Erscheinungsbild und ihr ungestümes Temperament fielen den Mitschülerinnen auf. Korfiz Holm, Lektor des Albert Langen Verlages, erinnerte sich, wie in seiner Lübecker Schulzeit eine Mitschülerin Franziskas aus Hamburg aufgeregt von ihr erzählte: «O Gott, nein, stellen Sie sich vor: heut is die Komteß mit einem schwarzen und mit einem gelben Schuh zum Unterricht gekommen.»[71] Während die Hamburgerin ihre Mitschülerin «exzentrisch» fand, beurteilte Korfiz Holm dieses Verhalten eher als schlampig. Über seine erste Begegnung mit ihr schrieb er: «Es war ein zierlich gewachsenes, knapp mittelgroßes Ding mit einem feingeschnittenen Gesicht von, wie mir schien, nicht mehr als durchschnittlichem Reiz. Einzig die großen und gescheiten blauen Augen, in denen etwas Schwärmerisches brannte, ließen sich als schön bezeichnen. Gekleidet war sie wie ein norddeutsches Gutsbesitzertöchterlein aus vornehmer Familie, in der man streng auf Striktheit der Gewandung sieht und jede Hervorhebung weiblichen Körperreizes als unpassend gilt. Nur sprach vielleicht aus der Zerzaustheit ihrer Löckchen, aus dem Schwung, den sie dem Rande ihres Huts gegeben hatte, und daraus, daß sie ohne Handschuhe daherkam, heimlicher Protest gegen die Grundsätze, die ihres Vaters Haus beherrschten.»[72]

Neben Käthe Wohlert war sie auch mit Else Gutschow, mit Natalie Manhard, die Emanuel Fehling jedoch nicht leiden konnte, und mit Anne Hagenström befreundet. Letztere musste bald das Seminar verlassen, weil, wie Franziska ihrem Freund schrieb, *sie im Jahr ihrer Konfirmation Romane geschrieben hat und nie zur Kirche gegangen ist. Deshalb kann man ihr keine reinen Kinderseelen anvertrauen.*[73] In den Briefen an Emanuel Fehling äußert sie sich jedoch oft etwas abschätzig über ihre Freundinnen. Käthe Wohlert sei *mäßig genossen, sehr nett, wir literatursimpeln eifrig zusammen*[74], aber grundsätzlich hielte sie, wie sie an Fehling schrieb, von Frauen – eine *schreckliche Sorte*[75] – nicht viel.

Schon sehr bald entschloss sich Franziska zu Reventlow, ihre Ausbildungszeit im Seminar um ein halbes Jahr zu verkürzen. Bei entsprechendem Engagement und Fleiß war dies eine durchaus realistische Überlegung, und sie hoffte, damit ihrem Ziel – dem Leben in Freiheit – ein großes Stück näher zu sein. Die Leiterin des Seminars, Amélie Roquette, die auch die Lehrproben durchführte, stellte sich dem nicht entgegen, und somit trat Franziska zu Reventlow nach intensiven Vorbereitungen vor die Prüfungskommission und erwarb schon nach einundeinhalb Jahren, im April 1892, das «Zeugnis der Befähigung für den Unterricht an mittleren und höheren Mädchenschulen».

Nachdem Emanuel Fehling im Herbst 1891 zum Militär eingezogen worden war, löste sich die Beziehung zu Franziska im Oktober 1891. Zunächst korrespondierte Franziska nicht mehr so häufig. Der Grund für die Entfremdung mag Fehlings depressive Stimmung gewesen sein, die Franziska nicht nachvollziehen konnte. Schließlich trennten sie sich in wehmütigem Gefühl voneinander: *Ich weiß, daß Dein gegenwärtiger Zustand, der mir sehr unsympathisch und unverständlich ist, nur eine vorübergehende Reaktion ist – ich gehe meine eigenen Wege und hoffe, daß wir uns noch einmal begegnen und dann beide mit herzlicher Freude der Zeit, die jetzt ihren Abschluß gefunden hat, gedenken werden …*[76]

Während Fehlings Abwesenheit von Lübeck hatte sich

Franziska zu Reventlow im Lehrerinnenseminar, 1891

Franziska zu Reventlow immer mehr Karl Schorer, einem Bekannten aus dem Ibsenclub, zugewandt. Sie unternahm Spaziergänge und Ausflüge mit ihm. Auch dieses Verhältnis musste den Eltern verheimlicht werden. Nach Abschluss des Lehrerinnenseminars empfand Franziska zu Reventlow die Atmosphäre im Elternhaus wieder als besonders bedrückend. Freundliche Gesten der Mutter wies Franziska ab; zu sehr hatte sie unter der früheren Ablehnung gelitten. In einem ihrer Gedichte – mit an Theodor Storm erinnernden Motiven – schrieb sie über ihr Verhältnis zur Mutter:

Wandle ich einsam über der Heide,
wenn der Wind vom Meer herüber streicht.
Rings um mich her nur totes Schweigen,
kein Leben, so weit das Auge reicht.

Da erwachen in mir der Kindheit Tage,
ich denke der einsamen, freudlosen Zeit.
Aufs neue erwacht im Herzen die Klage,
des einsamen Kindes einsames Leid.

Zurückgestoßen vom Mutterherzen
mit kalter Hand und nie geliebt,
von unverstandnen, sehnenden Schmerzen
die die kaum erwachende Brust durchbebt.

Das ungestillte Sehnen nach Liebe,
es regt sich wieder so weh, so bang.
Weiter und weiter mit müden Schritten
geh' ich die einsame Heide entlang.[77]

Als sich die Tochter in den Sommermonaten bei den Verwandten aufhielt, erfuhren die Eltern von Franziskas Freundschaften. Sie hatte aus Unaufmerksamkeit in einem Lexikonband einen Brief von Karl Schorer vergessen, den die Mutter in ihrer Abwesenheit fand. Man ließ daraufhin den Schreibtisch aufbrechen – die Schubladen offenbarten alle Heimlichkeiten, die Briefe von Emanuel Fehling, von Karl Schorer und den Mitgliedern des Ibsenclubs. Die Eltern waren entsetzt; sie weigerten sich, noch ein Wort mit der Tochter zu wechseln, und baten Georg zu Reventlow, den Onkel Franziskas, die Unterredungen zu führen. Man drohte ihr mit einem Entmündigungsverfahren, aufgrund ihres Verhaltens könne sie für «tobsüchtig» erklärt werden; es wurde aber entschieden, sie in ein Pfarrhaus in Adelby bei Flensburg zu schicken, wo sie *Moral und Haushalt*[78] lernen sollte.

Das Leben im Pfarrhaus war für Franziska zu Reventlow relativ friedlich; abgesehen davon, dass sie im Haushalt helfen

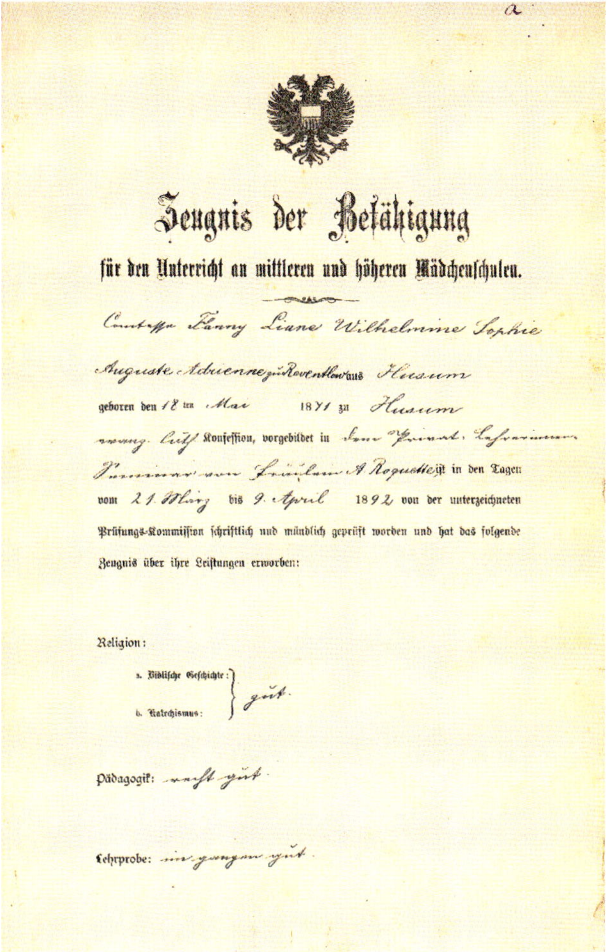

a

Zeugnis der Befähigung

für den Unterricht an mittleren und höheren Mädchenschulen.

Comtesse Fanny Liane Wilhelmine Sophie Auguste Adrienne zu Reventlow aus Husum geboren den 18ten Mai 1871 zu Husum evang. luth. Konfession, vorgebildet in dem Privat-Lehrerinnen-Seminar von Fräulein A. Roquette ist in den Tagen vom 21. März bis 9. April 1892 von der unterzeichneten Prüfungs-Kommission schriftlich und mündlich geprüft worden und hat das folgende Zeugnis über ihre Leistungen erworben:

Religion:

a. Biblische Geschichte: } gut.
b. Katechismus:

Pädagogik: recht gut.

Lehrprobe: im ganzen gut.

Das Zeugnis der Lehrbefähigung für Comtesse Fanny zu Reventlow

musste, ließ man ihr einen gewissen Freiraum und begegnete ihr mit Freundlichkeit und Wohlwollen. Das Verhältnis zu Karl Schorer wurde nun offiziell als Verlobung geduldet, weil in einem der Briefe solche Versprechen ausgetauscht worden waren, was jedoch nicht unbedingt im Sinne Franziskas war. In einem

Brief an den Vater aus dem Pfarrhaus bat sie ihn um Erlaubnis, ihren Beruf als Lehrerin an einer Schule oder Institution auszuüben und Karl Schorer von der Verlobung zu entbinden.

Trotz ihrer Volljährigkeit stand sie juristisch noch unter der Verfügungsgewalt des Vaters, aus der sie sich nur durch eine eigenständige finanzielle Existenz lösen konnte. Der Vater ging auf ihre Vorschläge nicht ein und ließ sie durch ihren Bruder Ludwig wissen, dass sie in dieser Angelegenheit nicht mit ihm rechnen könne. Franziska zu Reventlow sah keine andere Möglichkeit mehr und floh aus dem Pfarrhaus. Einen geliehenen Koffer, der ihre Briefe und Bücher enthielt, ließ sie an einem Strick an der Hauswand herunter, und mit geliehenem Geld nahm sie den ersten Morgenzug in die «Freiheit», zu einer Freundin aus dem Ibsenclub nach Wandsbek. Dies geschah nicht an ihrem 21. Geburtstag, dem Tag ihrer Volljährigkeit, wie es in den meisten Autobiographien der Zeitgenossen über Franziska zu Reventlows Flucht heißt, sondern im April 1893, das heißt kurz vor ihrem 22. Geburtstag.

In Wandsbek bemühte sie sich um eine Anstellung als Lehrerin bei Schulvorsteherinnen und Schulräten – vergeblich. Sie machte *keinen vertrauenerweckenden Eindruck mit ihrem adligen Namen und ihren etwas abgetragenen Kleidern: einmal fand man, sie sähe viel zu jung aus, ein andermal erkundigte man sich nach ihren Familienverhältnissen.*[79] Franziska traf sich noch einige Male mit Karl Schorer, mit dem sie schließlich verlobt war; es war ihr indes klar, dass sie nicht zusammenbleiben würden.

Noch brachte sie nicht den Mut auf, sich von ihm zu trennen. In Wandsbek lernte sie bei Else Gutschow den Gerichtsassessor Walter Lübke kennen, zu dem sie bald Vertrauen fasste. Doch bevor sich in Wandsbek berufliche oder private Veränderungen ergeben konnten, bekam sie die Nachricht von einer schweren Erkrankung des Vaters. Mit derselben Nachricht erhielt sie die Aufforderung, nicht in Lübeck zu erscheinen. Denn die Familie, besonders Ludwig, machte Franziska aufgrund ihres Verhaltens für die schwere Krankheit des Vaters verantwortlich.

Die Reaktion der Eltern auf ihre Flucht aus dem Pfarrhaus, wie Reventlow sie in *Ellen Olestjerne* beschrieb, ist nicht als Schilderung der tatsächlichen Vorgänge zu lesen. Im Roman ist lakonisch von einem endgültigen Abschiedsbrief die Rede. Aus einem authentischen Brief des Bruders Ludwig an seine Schwester geht jedoch hervor, dass der Vater seine Drohung, Franziska zu entmündigen, wahrmachen wollte und nur durch die Krankheit daran gehindert worden war. Ludwig schrieb ihr: «Wirst Du zu schamlos, so werde ich, wenn Papa nicht mehr kann, den Antrag auf Entmündigung wegen Geisteskrankheit gegen Dich stellen. Moral insanity wird sich erweisen lassen, das Material liegt bereits vor.»[80] In der biographischen Skizze *Vater* schrieb sie darüber: *Ein leidenschaftlich zorniger Brief meines ältesten Bruders, der mir in erregten Worten die Schuld beimaß, hatte mich davon benachrichtigt. Das brüderliche Schreiben hielt sich in Ausdrücken, die mir jede Annäherung, jede Nachfrage unmöglich machten.*[81]

Ein Telegramm von ihrem jüngeren Bruder Catty unterrichtete sie darüber, dass der Vater im Sterben lag. Catty hatte in dieser Zeit noch zu ihr gehalten, aber auch er bat sie nachdrücklich, nicht nach Lübeck an das Sterbebett des Vaters zu kommen. Sie fuhr trotzdem. Am Bahnhof wurde sie von Catty, der Schwester Karl Schorers und Pastor Bernhard am Bahnsteig empfangen. Der Pastor hatte den Auftrag, ihr mitzuteilen, dass sie nicht zu ihrem im Sterben liegenden Vater dürfe. *Ein kalter, harter Auftrag war es: alles, was meine Mutter mir in diesem Augenblick zu sagen hatte, war: «Geh wieder fort, du hast hier nichts mehr zu suchen.» – Meine Mutter hatte recht, so sagte mir der Geistliche wenigstens. Ich hatte mich ja von ihnen losgelöst, und nun gehörte ich nicht mehr zu ihnen.*[82] Erst als der Vater gestorben war, durfte Franziska zu Reventlow ihn noch einmal sehen. *Aber sie wußte doch auch, daß ihr Vater viel Liebe und Weichheit in sich trug, bei aller Schroffheit gegen das, was er nicht anerkennen und nicht dulden wollte. Eine namenlose Sehnsucht erwachte in ihr nach all der Liebe, die sie einander nie gegeben hatten.*[83]

Gekränkt und voller Trauer kehrte sie nach Wandsbek zurück. Walter Lübke stand ihr in dieser Zeit treu zur Seite, sprach viel mit ihr auf langen Spaziergängen und bemühte sich sehr um sie. Alsbald löste sie die Verlobung mit Karl Schorer und ging auf Rat Lübkes für einige Wochen zur Erholung an die Nordsee. Im Juni 1901 erinnert sich Franziska zu Reventlow an diese Zeit: *[...] an Jugendzeit gedacht, wo ich den halben Tag auf dem Wasser war. Büsum. Die Zeit der «tollen Fanny».*[84] In *Ellen Olestjerne* beschreibt Franziska zu Reventlow diese Monate rückblickend als unbeschwert und fröhlich. Die Protagonistin Ellen amüsiert sich, hat einen intensiven Flirt und kehrt ausgeruht nach Wandsbek zurück.

Franziska zu Reventlow verlobte sich schließlich mit Walter Lübke, der ihr Verständnis entgegenbrachte und ihr ein Gefühl von Geborgenheit und Sicherheit vermittelte. Über ihn schrieb sie später in ihrem Tagebuch: *Wie ein geschundenes Kind hab' ich an seinem Herzen gelegen, so unendlich wund und krank und sündig, und einen kurzen Augenblick geträumt, daß ich eine Heimat habe, und stilles ruhiges Glück klang wie ferne Glocken zu mir herüber. Wie gut war es, einmal so verstanden zu werden. Und er hat mich verstanden wie nie jemand, und geliebt wie nie jemand – und ich habe ihn belogen. Wie gut war es, in seinem Arm zu schlafen, wie bei einer Mutter; wie gut, krank zu liegen, wenn er das vorspielte von Chopin mit den Glocken.*[85] Außerdem unterstützte Walter Lübke ihre künstlerischen Ambitionen und hinderte sie nicht an der Verwirklichung ihres Traumes, Malerin zu werden.

Die Verlobung wurde auch von Catty begrüßt, ebenso von der Mutter, mit der Franziska zu Reventlow wieder korrespondierte. Die Mutter bemühte sich um Verständigung und versicherte, dass sie den Hamburger Gerichtsassessor als Schwiegersohn akzeptierte.[86] Viel Zeit verbrachte das junge Paar während seiner Verlobungszeit indes nicht miteinander, denn im August 1893 packte Franziska zu Reventlow abermals ihre Koffer und fuhr nach München.

In Schwabing

Künstlerleben und Boheme (1893 – 1897)

«München leuchtete. Über den festlichen Plätzen und weißen Säulentempeln, den antikisierenden Monumenten und Barockkirchen, den springenden Brunnen, Palästen und Gartenanlagen der Residenz spannte sich strahlend ein Himmel von blauer Seide, und ihre breiten und lichten, umgrünten und wohlberechneten Perspektiven lagen in dem Sonnendunst eines ersten, schönen Junitages.»[87] Diese häufig zitierte Textpassage aus der Erzählung «Gladius Dei» von Thomas Mann, die in fast allen München-Reiseführern zu finden ist, zeigt eine von den vielen Seiten der Kunststadt.

Als Franziska zu Reventlow im August 1893 nach München kam, um für ein halbes Jahr eine Malschule zu besuchen, hat sie das «Leuchtende» an München wohl gesehen, nur drückt sie diese Stimmung in ihrem autobiographischen Roman etwas prosaischer aus: *Die Luft hat beinah etwas Südliches in diesen heißen Tagen, die Straßen ganz weiß von dem flimmernden Kalkstaub.*[88]

Im ausgehenden 19. Jahrhundert war München zu einer der angesehensten Kunstmetropolen Europas avanciert. Unter dem Einfluss der Bestrebungen Ludwigs I., des Förderers der Universität und Gründers mehrerer Museen, entwickelte sich die Stadt neben Paris, Wien und Berlin zu einem der wichtigsten Zentren des Kunsthandels.[89]

Die Veränderungen in der Stadt München – zum Beispiel stieg die Anzahl der Einwohner in den Jahren von 1890 bis 1914 von 350 000 auf 645 000 – vollzogen sich in den neunziger Jahren besonders im Bereich der Kunst und Literatur. Kleinkunstbühnen wurden gegründet, zu deren bekanntester sich die Bühne der «Elf Scharfrichter» entwickelte.

1891 eröffnete ein «Cinematographen-Wandertheater»,

München-Schwabing. Zeitgenössische Postkarte

an das sich René Prévot erinnert: «Meine würdigen Kollegen von der hohen Theaterkritik hielten mich für einen Entarteten, als ich mich herabließ, ins Kino zu gehen, und sogar Spaß hatte an dieser ‹minderwertigen Pseudokunst›. Aber wer sprach damals von Filmkunst? Wer ahnte so etwas überhaupt? ‹Kintopp› war eine technische Jahrmarktskuriosität.» [90]

Die renommierte Malerei der Künstlerfürsten Franz von Lenbach und Wilhelm von Kaulbach begründete den Ruf einer Kunstmetropole, die zahlreiche weitere Maler anzog. «[…] München war in erster Linie Kunststadt, der Künstler war es, der regierte», schrieb die deutsch-französische Schriftstellerin Annette Kolb. [91] Zum Teil resultierte das Flair Münchens aber doch mehr aus der Quantität als aus der Qualität der dort lebenden Künstler. Franz Blei erklärt das Münchener Kunstleben so: «Die Münchener Maler zählten in jeder Jahreszahl nach Tausenden. Sie stellten die Münchener Malerei her, eine geschätzte Handelsware wie das Nymphenburger Porzellan. In allen Genres. […] Dort hieß man Len- oder Kaulbach. Hier hieß man Stuck. Aber es war da und dort Münchener Malerei – eine große, viele Hände beschäftigende Werkstatt zur Erzeugung eines gesuchten Zimmerschmuckes im bürgerlichen Heim.»[92] Der Karikaturist Thomas Theodor Heine stellte deshalb die Überlegung an: «Die ganze Sache ist ein Mysterium. Jeder dieser Brüder malt im Jahre wenigstens fünf Bilder, das sind fünfundzwanzigtausend Bilder jährlich, davon finden vielleicht zweitausend einen Käufer. Was wird aus den übrigen dreiundzwanzigtausend?»[93]

Die große Anzahl an Künstlern in München war besonders für Malerinnen interessant. Eine Ausbildung an den staatlich und künstlerisch anerkannten Akademien war Frauen noch untersagt, durch die vielen Künstler und freien Schulen aber ergaben sich in München leichter Möglichkeiten, privaten Unterricht zu erhalten.

Auch die Literatur erhielt mit der Gründung verschiedener Verlage und Zeitschriften ein neues Profil. Georg Hirth gab mit seiner Zeitschrift «Jugend» dem gesamteuropäischen Stil der Art Nouveau seinen deutschen Namen. Albert Langen, Sohn einer reichen Industriellenfamilie aus dem Rheinland, veröffentlichte seit 1893 in seinem Verlag moderne Literatur, vor allem Übersetzungen aus dem Französischen und aus den skandinavischen Ländern. Von Rudolf A. Schröder, Alfred Walter Heymel und Otto Julius Bierbaum wurde die Zeitschrift «Die Insel» ins Leben gerufen, aus der später der Insel-Verlag hervorging. Die verschiedenen literarischen und kulturellen Strömungen resultierten aus den kontrovers diskutierten und sich zum Teil heftig widersprechenden Ideologien: von asketisch lebenden Vegetariern wie Karl Wilhelm Diefenbach bis zu Anarchisten wie Erich Mühsam oder der esoterischen Kosmiker-Runde um Ludwig Klages. Alle zusammen bildeten sie den legendären «Mythos Schwabing».[94]

Dass ausgerechnet Schwabing zum Ausgangspunkt der kulturellen Moderne Münchens wurde, lag nicht zuletzt daran, dass die Mietpreise in dem erst 1891 eingemeindeten kleinen Stadtteil weit niedriger waren als im Zentrum.[95] Zudem waren die zahlreichen Neueröffnungen von Cafés und Lokalen für die künstlerische Boheme ein idealer Ausgangspunkt. Als Mittelpunkt der Künstlerkreise wurde Schwabing dann «weniger ein geographischer als ein kultureller Begriff» [96]. Der Bohemien bekam in München den Titel «Schwabinger Schlawiner»: «Unter diesen Sammelbegriff fiel alles, was hinter den tausend Atelierfenstern malte und Ton knetete, in den Mansarden dichtete, sang oder Noten schrieb, in kleinen Gasthäusern Schulden machte und in Cafés Nihilismus oder Ästhetentum verkündete. Voraussetzung war nur, dass sich der Künstler in Kleidung und Gehabe unbürgerlich gab. Tat er dies, so war er eben auch als geborener Mecklenburger, Franzose, Rheinländer, Norweger oder Thüringer ein Schwabinger Schlawiner.» [97] Und nach Erich Mühsam waren die Gestalten, die Schwabing zum Kulturbegriff machten, «Maler, Bildhauer, Dichter, Modelle, Nichtstuer, Philosophen, Religionsstifter, Umstürzler, Erneuerer, Sexualethiker, Psychoanalytiker, Musiker, Architekten, Kunstgewerblerinnen, entlaufene Höhere Töchter, ewige Studenten, Fleißige und Faule, Lebensgierige und Lebensmüde, Wildgelockte und adrett Gescheitelte» [98].

Was Franziska zu Reventlow von der Atmosphäre Münchens wusste, ist nicht auszumachen, aber sie wird von ihrer Kunstlehrerin in Preetz und von Karl Schorers Schwester Maria, die als Künstlerin unter dem Namen Maria Slevona bekannt wurde und ihre Studien in Paris und München absolvierte, viel über die Bedeutung der Stadt als Kunstmetropole erfahren haben. Als Reventlow im August 1893 nach München kam, zog sie nach Schwabing, in die Theresienstraße 66. Sie arbeitete zunächst in einem Atelier mit fünf anderen Malerinnen, besuchte aber schon bald darauf die international anerkannte Schule von Anton Ažbé.

«Die Malschule war in der Georgenstraße, in einem Holzhäuschen, das im Garten stand», schrieb Leonhard Frank. «Unten war das Atelier, aus dem eine steile, hühnerleiterartige Treppe emporführte zu einer Holzgalerie, der Zugang zu einer winzigen Kammer, die der Inhaber der Schule bewohnte, Herr Ažbé. […] Er fragte nicht, ob ein Schüler bezahlen konnte, und wußte auch nie, wer Schulgeld bezahlt hatte und wer nicht. Solange Geld für die Modelle und für Kognak in seiner Nachttischlade lag, war die Buchführung in Ordnung. Viele warteten

Die Malschule von Anton Ažbé

auf einen frei werdenden Quadratmeter, seine Malschule war überfüllt.» 99

In der Schule lernte Franziska zu Reventlow die Malerin Helene von Basch kennen, von ihr Baschl genannt, mit der sie sich anfreundete. Sie machte außerdem die Bekanntschaft von Michael Georg Conrad. Der in allen literarischen und gesellschaftspolitischen Aktivitäten engagierte Journalist und

Schriftsteller hatte unter anderem mit der Zeitschrift «Die Gesellschaft – Realistische Wochenschrift für Literatur, Kunst und öffentliches Leben» seit 1885 ein Forum für künstlerische und politische Fragen geschaffen. Ihm gegenüber äußerte Reventlow sich in einem Brief vom 30. Dezember 1893 über ihre künstlerischen Studien und darüber, dass sie versuche, sich auf literarische Weise auszudrücken: *Ich bin nämlich zu dem schweren Entschluß gekommen, die Bildhauerei an den Nagel zu hängen und werfe mich ausschließlich auf die Malerei. […] Aber schreiben muß ich doch. Es gibt so vieles, was man gerne künstlerisch gestalten möchte und es wenigstens doch in der Malerei nicht ausdrücken kann. Da drängt es mich mächtig dazu, es zu schreiben.*[100]

Michael Georg Conrad (1846, Gnodstadt / Franken – 1927, München), einer der einflussreichsten Vertreter des frühen Naturalismus in Deutschland, gründete 1882 die «Gesellschaft» in München und setzte sich in Essays und Aufsätzen für die naturalistische Romantechnik Zolas und eine ‹neue› Literatur unter dem Postulat der Wissenschaftlichkeit und Wirklichkeitstreue ein.

Tatsächlich verfasste sie kleinere literarische Texte, die in den «Husumer Nachrichten» 1893 / 94 veröffentlicht wurden. In der Skizze *Warum?* thematisierte sie den Selbstmord eines Schülers und bezog sich damit auf ihren Cousin Georg zu Reventlow, der sich mit sechzehn Jahren erschossen hatte. In dem Text *Momentaufnahme Frühschoppen* schrieb sie über die Kehrseite der künstlerischen Boheme: die Armut und die Bemühungen eines jungen Kunstmalers, seinen Geldmangel und sein Elend andere nicht wissen zu lassen. Der Redakteur der Zeitung ihrer Heimatstadt Albert Johannsen versicherte ihr im Mai 1893, dass die «Husumer Nachrichten» weiterhin an ihren Texten interessiert seien, nur müsse sie bedenken, «daß die Husumer leicht errathen werden, wer hinter der Chiffre ‹F. R.› steckt»[101].

Den Aufenthalt in München finanzierte Franziskas Verlobter Walter Lübke. Franziska zu Reventlow genoss das Leben «in Freiheit». *Und das Arbeiten in unserm großen kühlen Atelier, und dann wieder in die Sonne hinaus, den ganzen Tag sein eigner Herr sein, keinen Moment des Tages sich nach anderen richten zu müssen! So habe ich mir's geträumt, das ist endlich die Luft, in der ich leben kann. Mein Gott, und jetzt muß ich arbeiten, arbeiten bis aufs Blut, und dann faßt mich der Jammer an um all die verlorene Zeit, was für Jahre hätte ich schon arbeiten können.*[102]

In ihrem ersten Brief an Michael Georg Conrad, geschrieben drei Monate nach ihrem Umzug nach München, drückte sie bei aller anfänglichen Schwierigkeit ihre Begeisterung über das Leben als Künstlerin in München aus: *Und doch ist dieses Künstler-Bohèmeleben das Beste von meinem ganzen bisherigen Leben gewesen. Es ist wenigstens frei, ganz frei und man sieht hinter*

Eintrittskarte zum Maskenball der Azbé-Schule

den Kulissen ungleich viel wahrer, und an den Menschen lernt man in der Not viel Gutes kennen, an das man sonst nur als Kind glaubt.[103] Neben der Malerei selbst waren es die Ungebundenheit ihres Lebens und die Möglichkeit, Cafés und Lokale zu besuchen und Atelierfeste zu feiern, die sie zu schwärmerischen Ausbrüchen veranlassten.

Die Freude über ihre Freiheit war aber nicht ungetrübt. Ihre materielle Existenz war bescheiden. Dass die Mittel nicht immer ausreichten, lag an den hohen Ausgaben, die sie durch ihre Schulgelder, den Kauf von Malutensilien und die täglichen Unkosten hatte, aber sicherlich auch an ihrem unbekümmerten Umgang mit dem Geld. Außerdem plagten sie Zweifel an ihrem Talent und ihren künstlerischen Fähigkeiten.

Im Übrigen: Frei war sie nicht wirklich. Ihr Verlobter Walter Lübke ermöglichte ihre Ausbildung durch seine ideelle und finanzielle Unterstützung, er rechnete aber fest mit ihrer Rückkehr nach einem halben Jahr. Die Vorstellungen jedoch, die Franziska zu Reventlow von einem gemeinsamen Leben hatte, unterschieden sich von denen ihres Verlobten erheblich. Ihre Abneigung gegen Bindungen, Verpflichtungen und Abhängigkeitsverhältnisse war so dominant, dass dies letztendlich auch ihre Beziehung zu Walter Lübke zerstörte.

Seit Anfang November 1893 bewegte sich Franziska zu Reventlow in einem Kreis von polnischen und russischen Künstlern, mit denen sie regelmäßig das Café Leopold besuchte und Feste in Ateliers feierte. Dort lernt sie Adolf Herstein kennen, einen galizischen Polen, zu dem sie eine heftige Leidenschaft ergriff.

Von ihm, einem in ihren Augen «begnadeten Künstler», erhoffte sie wesentliche Anregungen für ihre künstlerische Arbeit. Er korrigierte ihre Skizzen und erklärte, dass sie sich in der Kunst ganz hingeben müsse, nur dann könne sie Überzeugendes leisten.

Trotz ihrer Leidenschaft zu Herstein löste Franziska zu Reventlow die Verlobung mit Walter Lübke nicht auf. Als er über Weihnachten 1893 einige Tage nach München kam, war sie fest entschlossen, sich von ihm zu trennen, brachte es aber nicht übers Herz. *Bei ihm überkam sie immer ein Gefühl von Schutz und Heimat, er war der, an den sie sich anschmiegen konnte, der alle weichen und sehnsüchtigen Saiten in ihr zum Klingen brachte.*[104]

Nach seiner Abreise drängte Walter Lübke auf eine baldige Heirat, möglichst im kommenden Sommer. Franziska zu Reventlow vertröstete ihn auf das Ende ihrer Studien und stürzte sich noch stärker in das Münchener Bohemeleben und in ihre Leidenschaft zu Adolf Herstein.

Franziska zu Reventlow und Walter Lübke

Im Frühjahr 1894 wurde sie schwanger. Adolf Herstein reagierte anders als von ihr erhofft. Anstatt sich endgültig von Walter Lübke zu trennen, was sie nun vorhatte, sollte sie – nach Hersteins Auffassung – zu ihrem Verlobten zurückkehren, weil sich ein Kind mit Hersteins eigenem Künstlerdasein nicht vereinbaren ließ. Die Enttäuschung über Hersteins Verhalten ließ Franziska zu Reventlow resignieren und schließlich aus München abreisen. Sie willigte ein, Walter Lübke zu heiraten.

Die Hochzeit fand am 22. Mai 1894 statt – auf Walter Lübkes Wunsch in seiner Heimatstadt Berlin. Die Familie Reventlow nahm an der Trauung nicht teil; den Vorschlag, die Hochzeit auf Gut Wulfshagen zu feiern, auf dem mittlerweile ihr Bruder Ludwig lebte, lehnte Franziska strickt ab.[105] Das Paar bezog eine Wohnung in Hamburg, wo Walter Lübke als Jurist arbeitete.

Er wunderte sich über das veränderte Verhalten Franziskas, sie kam ihm stiller und zurückhaltender vor. Doch er suchte keine Erklärungen und akzeptierte, dass sie mit *verzweifeltem Ernst*[106] ihre Malerei betrieb. Franziska zu Reventlow machte sich Sorgen, sehr lange konnte sie ihren Zustand nicht mehr geheim halten.

Wenige Wochen nach der Hochzeit erlitt sie jedoch eine Fehlgeburt. Gesundheitliche Probleme, die sie ihr Leben lang behalten sollte, waren die Folge. Sie konnte sich auf die Schweigepflicht des Arztes verlassen, sodass Walter Lübke von ihrer Schwangerschaft vorerst nichts erfuhr und die Krankheit auf andere Ursachen zurückführte. Ein Grund für den nur langsam voranschreitenden Genesungsprozess war vermutlich ihr innerer Zwiespalt: Einerseits respektierte und liebte sie ihren Mann, andererseits vermisste sie ihr ungebundenes Leben in München.

Ein Jahr lang führten sie ein ruhiges, zurückgezogenes Leben. Walter Lübke ging seiner Tätigkeit als Assessor nach, Franziska zu Reventlow war mit ihrer Malerei beschäftigt. Anfang des Jahres 1895 beschloss sie, wieder nach München zurückzukehren – mit ihrem Mann verabredete sie ein weiteres Jahr der Ausbildung. Als das Paar im Juni den Sommerurlaub gemeinsam in den Bergen verbrachte, war Franziska zu Reventlow wieder entschlossen, ihren Mann über ihre Liebesgeschichten aufzuklären und ihm die Wahrheit zu sagen, wohl wissend, dass sie ihn dadurch verletzen würde. Das Versteckspiel und das Lügengespinst wurden ihr unerträglich; als ehemaligem Ibsenclubmitglied galt ihr die Wahrheit als eine der höchsten Maximen. *Ich weiß nicht, wie ich es ertragen soll, ihn nicht gleich aufzuklären. Und dabei solch nervöse Angst vor dem Gewaltsamen. O Gott, meine Hände sind verflucht, alles zu zerreißen. Ich habe den großen furchtbaren Fehler begangen, mein verfahrenes Leben an ein anderes zu binden, noch dazu mit einer Lüge zu binden.*[107]

Es verging ein weiteres Jahr, das sie getrennt verbrachten, bis sie ihm alles sagte. Sie verpackte ihre Erlebnisse in eine Geschichte über eine fiktive Freundin; erst am Ende klärte sie ihn darüber auf, dass es ihre eigene Geschichte war. Walter Lübke war schockiert, verweigerte weitere Gespräche und reichte umgehend die Scheidung ein.

Das nächste Jahr war von Krankheiten geprägt. Franziska zu Reventlow erwähnt die körperlichen Beschwerden in ihren Tagebüchern, ohne die Krankheit genau zu benennen. Ihre literarische Arbeit setzte sie trotz ihrer Leiden fort. Nachdem die ersten Skizzen in den «Husumer Nachrichten» erschienen waren, wurden ihre Texte ab 1896 im «Simplicissimus» veröffentlicht.

Der Verleger Albert Langen hatte die satirische Zeitschrift nach dem französischen Vorbild «Gil Blas» 1896 gegründet und mit ihr, hervorragend illustriert von Thomas Theodor Heine, Olaf Gulbransson und Karl Arnold, ein Organ geschaffen, das kritisch die Zustände des wilhelminischen Kaiserreichs aufs Korn nahm. Mit der Kritik an Militarismus, Zensur und Obrigkeitsdenken wurde das Blatt, dessen Markenzeichen die zähnefletschende Bulldogge war, berühmt.[108] In Schwabing nutzte die Wirtin Käthe Kobus die Popularität der Zeitschrift, indem sie ihrer Kneipe den Namen des Simplicissimus gab, kurz «Simpl» ge-

Werbeplakat von Thomas Theodor Heine: der Titel wird mit der Schwanzspitze des Teufels geschrieben …

nannt. Ihr Symbol wurde die eine Sektflasche öffnende Bulldogge. Nicht zuletzt durch die Nähe zur Redaktion wurde die Kneipe Simpl zum Treffpunkt führender Journalisten, Illustratoren und der künstlerischen Boheme Münchens.

Im «Simplicissimus» erschienen zunächst Reventlows autobiographische Skizze *Vater* und der Text *Wahnsinn.* Im Juni 1896 stellte sie die Satire *Das jüngste Gericht* fertig, die in der Januarausgabe 1897 erschien. Darin geht es um einen übereifrigen Staatsanwalt, der im Jenseits seines Amtes walten und Gottvater zeigen will, wie richtig regiert werden müsse. Der Text erinnert nicht von ungefähr an Oskar Panizza, der auch im Kreise der «Gesellschaft» von Michael Georg Conrad verkehrte. Oskar Panizza hatte sich mit seinen Texten schon mehrmals vor Gericht verantworten müssen; in Zürich erschien 1893 «Die unbefleckte Empfängnis der Päpste», dann die Komödie «Der Heilige Staatsanwalt» und schließlich 1895 «Das Liebeskonzil». Darin wird das Aufkommen der Syphilis in Italien am Ende des 15. Jahrhunderts als Folge des lasterhaften Treibens am päpstlichen Hof unter Alexander VI. dargestellt, und Gott erscheint als rachsüchtiger Schwachkopf. Diese Schrift führte zu einer Gefängnisstrafe von einem Jahr, die Panizza in Einzelhaft verbüßen musste.[109]

Oskar Panizza (1853, Bad Kissingen – 1921, Bayreuth) war Nervenarzt in München. In provozierenden Satiren griff er die herrschenden staatlichen Institutionen an. 1901 wurde er wegen Majestätsbeleidigung in der satirischen Studie «Psichopatia criminalis» und in dem Gedichtband «Parisjana» angeklagt. Seine phantastisch-grotesken Erzählungen erinnern an Edgar Allan Poe. 1904 Zwangseinweisung in eine psychiatrische Anstalt.

Den großen Durchbruch konnte Reventlow mit der Satire aus dem Jenseits nicht erreichen. Die gesamte Ausgabe des «Simplicissimus» wurde in der Leipziger Druckerei, dem zweiten Verlagsort von Albert Langen, konfisziert. Sie zog eine Anklage der Staatsanwaltschaft gegen Albert Langen nach sich, dem Gotteslästerung vorgeworfen wurde. Franziska zu Reventlow konnte einer Strafe entgehen und konterte in der März-Ausgabe mit einer polemischen Darstellung der Gerichtsverhandlung. Der Titel lautete: *Das allerjüngste Gericht.*

Mit ihren Satiren verdiente sie zwar ein wenig Geld, die finanzielle Situation blieb jedoch bedrückend. Auch die beim «Simplicissimus» eingereichten Witze, die mit fünf oder zehn Mark honoriert wurden, halfen ihr wenig. *Federbetten, alles hab ich schon versetzt, im Bett kann ich kaum noch schlafen, Divan, der Schreckliche, ist auch Nichts. Natali [der Hauswirt] droht von Tag zu Tag mit Herauswerfen. Manchmal muß ich lachen, dann wieder deprimierts mich.*[110]

Um ihre materielle Existenz zu sichern, entwickelte Reventlow großes Improvisationstalent. Mit der Malerei Geld zu verdienen, war unmöglich; sie versuchte sich in verschiedenen Gelegenheitsjobs. Die seriöseste, aber auch eine nicht sehr lukrative Tätigkeit war die Möglichkeit, Übersetzungen aus dem Französischen für den Albert Langen Verlag vorzunehmen. Bereits als Seminaristin hatte sie die Überlegung angestellt, als Übersetzerin zu arbeiten; eine Tätigkeit, die sie ihr Leben lang ausführte. Im Laufe der Jahre übersetzte sie unermüdlich Guy de Maupassant, Marcel Prévost und Anatole France. Innerhalb von nur wenigen Wochen fertigte sie aus dem Stegreif die Übersetzung eines 200 Seiten umfassenden Romans an. Dem Freund Paul Schwabe schrieb sie am 15. Juni 1897: *350 Druckseiten, macht 500 geschrieben, erst übersetzen, dann korrigieren, schließlich ins Reine schreiben, die Abschrift habe ich jetzt in 10 Tagen gemacht, trotz verschiedentlich schlechten Befindens.*[111]

Korfiz Holm, der in Albert Langens Abwesenheit die Geschäfte übernommen hatte, beschwerte sich zuweilen über die Schludrigkeit der Arbeit. «Bei der Reventlow ist eine Überprüfung der Übersetzung deshalb nötig, weil sie etwas flüchtig ist und auch an verschiedenen kleinen Sprachdummheiten chronisch leidet. Sie sagt konsequent ‹wie› statt ‹als›.»[112] Außerdem erlaubte sie sich, ihr langweilig erscheinende Passagen zu kürzen, um damit den Umfang der Übersetzungen zu reduzieren. Sie erklärte diese eigenwillige Übersetzungspraxis Ludwig Klages in einem Brief vom 13. November 1901: *Sie müssen nämlich wissen, daß ich die Romane sehr willkürlich behandle, kürze, wo mir etwas zu lang scheint […] und dazu gehört eine lange Gewohn-*

heit und Kenntnis von Langens Geschmack.[113] Sie wurde deshalb als «schnelle» Übersetzerin geschätzt.

In der Zeit nach ihrer Trennung von Walter Lübke überkamen Franziska zu Reventlow immer wieder depressive Stimmungen. Sie hatte verschiedene erotische Beziehungen, die ihr aber nicht das Gefühl von Wärme und Geborgenheit gaben, nach dem sie sich sehnte. Mit Wehmut dachte sie an Walter Lübke: *Seit 4 Monaten habe ich Walter nicht gesehen, und ich ertrage es nicht ohne ihn. Sonderbar – und mit ihm ertrug ich's auch nicht.*[114] Sie fuhr fort: *Ich wollte Walter behalten und die anderen auch – was hab ich nicht in der kurzen Zeit alles erlebt – einen nach dem andren. Warum fühle ich das Leben herrlich und intensiv, wenn ich viele habe? – immer das Gefühl, eigentlich gehöre ich allen. Und dann wieder der haltlose Jammer, daß ich dadurch gerade den einen verliere, der mich liebt. Warum gehn Liebe und Erotik für mich so ganz auseinander?*[115]

Eine lange Liebesbeziehung hatte sie zu dem Rechtsanwalt Alfred Friess, den sie in ihren Tagebüchern *Monsieur* nannte oder in Anlehnung an Guy de Maupassants Romanfigur *Bel Ami.* Doch mit dem förmlichen «Sie» und den nur sporadisch stattfindenden Treffen, die in der Regel von ihm ausgingen, blieb dies eine Beziehung auf Distanz. Andere erotische Begegnungen währten nicht lange. Im Herbst und Winter 1896 suchte sie zuweilen eine Art Salon auf, um ihre finanzielle Situation aufzubessern: *Bei Frau X habe ich Glanzgewänder, aber sie gehören mir nicht, ich muß sie immer als Pfand dalassen.*[116]

Im Januar 1897 bestätigte der Arzt Werner von Noorden Reventlows Vermutung einer erneuten Schwangerschaft. Sie empfand diese Nachricht nicht als Katastrophe. Ganz im Gegenteil – sie freute sich auf ihr Kind, litt aber in der Zeit ihrer Schwangerschaft zeitweilig an schweren Depressionen.

Der damals noch unbekannte junge Dichter Rainer Maria Rilke, mit dem sie befreundet war, stand ihr zur Seite, mit ihm verbrachte sie einige Tage auf dem Land: *Jeden Tag ein Gedicht im Briefkasten, das gefällt mir*[117], hatte sie nach ihren ersten Begegnungen geschrieben. Dennoch waren Todessehnsucht,

Alfred Friess

Depression, Einsamkeit bestimmend für diese Zeit. *Heute habe ich darüber nachgedacht, daß ich fast nie mehr lache und wenn, so klingt es mir ganz fremd. […] Ich habe ja auch niemand, mit dem ich lachen könnte* [118], schrieb sie am 3. Juli 1897, und einige Tage später: *Die Nächte sind fürchterlich, Angst, Selbstmordgedanken.*[119] In diesen Momenten der Traurigkeit und Hoffnungslosigkeit sah sie in dem Kind einen Lebenssinn.

Die schwermütige Seite Franziska zu Reventlows ist von ihren Zeitgenossen nicht immer wahrgenommen worden. Korfiz Holm zum Beispiel erinnerte sich an Reventlows Witz und Humor. Trotz ihrer finanziellen Schwierigkeiten habe sie nicht geklagt, sondern stets ihre Ironie beibehalten. Auch über ihre Krankheiten habe sie gespöttelt, indem sie ihm erzählte, sie wolle den Ärzten den Vorschlag machen, an ihrem Körper Druckknöpfe anzubringen, dann müsse man sie nicht immer wieder aufschneiden.[120] «Von ihren Sorgen redete sie nur, als hätte sie mir einen Schwank aus ihrem Leben zu berichten; und dabei am Ende das Wort Not im Munde zu führen, das wäre ihr einfach zu kitschig vorgekommen, schien es ihr doch schon zu pathetisch angehaucht, wenn sie die trübe Lage einen ‹Schlamassel› hieß.»[121] Aber in einer Notsituation befand sie sich tatsächlich. Walter Lübke reagierte auf die Nachricht von ihrer Schwangerschaft mit einem rigorosen «Wiedersehen ausgeschlossen»[122] und beschleunigte das Scheidungsverfahren.

Im Zusammenhang mit dem Scheidungsprozess wurde Reventlows Fehlgeburt aus dem Jahr 1894 angeführt, und Reventlow musste sich gegen den Verdacht einer Abtreibung verteidigen, wie Brigitta Kubitschek in ihrer biographischen Studie darlegt.[123] In einem Polizeibericht über Adolf Herstein heißt es: «Erst im vergangenen Jahr [1896] erkannte der größte Teil der Deutschen, die zu seinen Anhängern zählten, daß sie von Herstein in schmachvoller Weise hinters Licht geführt wurden, als bei der Untersuchungssache gegen Franziska Reventlow wegen Verbrechen wider das keimende Leben sich herausstellte, daß Herstein aller Wahrscheinlichkeit nach der Kindsvater, außerdem aber auch der intellektuelle Urheber, bzw. Anstifter der Reventlowschen Tat war, der sofort feige die Flucht ergriff, als er sein Opfer für verloren hielt.» Die Untersuchungen wurden jedoch im Februar/März 1897 aus Mangel an Ergebnissen eingestellt.[124]

Im April 1897 wurde die Ehe von Walter Lübke und Franziska zu Reventlow geschieden. Reventlow wurde wegen mehrfachen Ehebruchs für schuldig befunden und hatte die nicht unerheblichen Gerichtskosten zu tragen. Eine Versöhnung zwischen Walter Lübke und Franziska zu Reventlow fand später – entgegen der Darstellung in *Ellen Olestjerne* – doch noch statt. Am 5. August 1897 schreibt sie in ihr Tagebuch: *Walter war da. Es war für uns beide so erschütternd, dies Wiedersehen, aber doch so gut. Mir ist, als ob sich nun das letzte Schwere gelöst hätte und ich bin ihm so dankbar. Den Abend, als er fort war, ging ich noch lange durch die Straßen und wie von einer großen Spannung befreit.*[125]

Neben den Gerichtskosten hatte Franziska zu Reventlow auch die hohen Arzt- und Krankenhausrechnungen zu begleichen. Ihr Vermieter zeigte indes nur wenig Verständnis für ihren «Schlamassel» und warf kurzerhand, die Kündigung aussprechend und mit Anklage drohend, ihre Sachen vor die Tür. Um nicht noch weitere Gerichtskosten in Kauf nehmen zu müssen, flüchtete sie für kurze Zeit an den Bodensee und verbrachte dort die Ostertage mit Rainer Maria Rilke, der ihrer Gemütsverfassung hilflos gegenüberstand. Er schrieb ihr: «Ich fühlte, daß ich Ihnen wohltat und nötig war, obwohl ich gar nichts tun konnte für Sie ... ein Schutzengel aus Holz, aber doch – wie ein hölzerner Schutzengel.»[126]

Anfang Mai nahm Franziska zu Reventlow wieder eine Wohnung in Schwabing, in der Münchener Georgenstraße. *Ein kleines, stilles Zimmer, es ist nicht so verkommen wie das Atelier früher, ich hab nur wenige Sachen drin, mein großer, alter Tisch – der heimelt mich förmlich an – steht zwischen zwei Fenstern, die auf den Hof hinaussehen – und den Divan zum Schlafen. Nachts ist es kalt, ich habe immer noch nicht das Bettzeug auslösen können und noch 26 Mark für den ganzen Monat. Mit Zimmer und Mittagessen zahl' ich hier 50 Mark, Frau Güttner ist lieb und nett und tut mir wohl. Aber ich seh' sie wenig, sitze nur in meiner Höhle und schreibe an den Übersetzungen. Langen hat mir gesagt, daß er den ganzen Sommer für mich zu tun hat.*[127]

Mutterglück und Frauenrecht (1897–1901)

Am 1. September 1897 kam nach einer mit heftigen Schmerzen verbundenen Geburt ihr Sohn Rolf zur Welt. Die Freude über das *Göttertier*, die *Göttermaus*[128] war groß. Nach ihrer Rekonvaleszenz schrieb Franziska zu Reventlow: *Ich lag in meinem Wohnzimmer und sah grüne Bäume und Sonne und hatte mein Kind, endlich mein Kind, o mein Gott, mein Kind. Alles hängt an ihm, all meine Liebe und all mein Leben, und die Welt ist wieder herrlich für mich geworden, wieder Götter und Tempel und der blaue Himmel darüber.*[129]

Nach den unglücklichen Zeiten hatte sie nun jemanden,

der ganz zu ihr gehörte. Über die gesellschaftliche Ächtung, die ihr von manchen Seiten als geschiedener Frau und als Mutter eines unehelichen Kindes entgegengebracht wurde, setzte sie sich hinweg und trat dem Spießrutenlauf mit Ironie und Spott entgegen.

Als besonders skandalös wurde die Tatsache empfunden, dass sie die Identität des Vaters nie bekannt gab. Korfiz Holm erinnerte sich, wie er nach dem Namen des Vaters fragte und Reventlow mit den Achseln zuckend geantwortet habe: «Lieber Gott, ein fremder Herr – so wie ich heute zu ihm stehe. Ich würde es mir schön verbitten, wenn er sich um ihn bekümmern wollte.» [130] Über Jahre gelang es ihr, die gesetzliche Vorschrift, einen Vormund für ihr uneheliches Kind zu bestimmen, zu umgehen und das Verfahren hinzuziehen. Auch in den privaten Notizen nannte Franziska zu Reventlow nicht den Namen des Vaters ihres Kindes und gab nur wenige Hinweise. Vor Rolfs Geburt schrieb sie am 22. Mai 1897 in ihr Tagebuch: *Den Mann auf dem Pferd getroffen, dem ich immer auf dem Weg zur Ažbéschule begegnete. Er grüßte und sah mich leise erstaunt an, und ich mußte so lachen.*[131] Sie hielt sporadisch Kontakt zu dem Vater ihres Kindes, den sie in dem Schönheitssalon der *Madame X* kennen gelernt hatte, wie Brigitta Kubitschek in ihrer Biographie über Franziska zu Reventlow darlegt. Eine wichtige Rolle spielte er in ihrem Leben jedoch nicht.[132]

Rolf Reventlow empfand die Abwesenheit eines Vaters nicht als belastend, wie er später in seiner Autobiographie schrieb: «Es gab auch keine Eltern. Nur Mutter gab es. Das Fehlen eines Vaters bedeutete keine Lücke in meiner Kindheit, in diesem recht ungeordneten, aber von mütterlicher Liebe durchglühten Kinderleben.» [133]

Rolf wurde zur einzig konstanten Bindung in Franziska zu Reventlows Leben. Die Notizen in ihren Tagebüchern zeugen von der Freude, die sie durch ihn erfuhr. Sie schreibt: *Aber ich habe mein Kind. Und das Glück, das ich in ihm finde, ist reicher als das, was je ein Mann mir geben könnte.*[134]

Vor seiner Geburt hatte sie den Kontakt zu ihrem Bruder Ludwig wieder aufgenommen, den sie seit seinem vorwurfs-

Mutterglück: Franziska zu Reventlow mit ihrem Sohn Rolf

vollen Brief nach dem Tod des Vaters nicht mehr gesehen hatte. In einer verzweifelten Stimmung hatte sie im Sommer 1897 an Ludwig geschrieben und ihn gebeten, sich um das Kind zu kümmern, falls ihr etwas zustoßen sollte. Bald darauf kam er unangekündigt nach München, half ihr mit Geld aus und besuchte seine Schwester in den folgenden Jahren immer wieder in München.

Die Geburt von Rolf bedeutete jedoch nicht, dass sie sich nun ausschließlich als Mutter sah; schon bald sah man sie wieder auf Festen: *Gestern der Ball. Einfach gerast und selig. Oh, das war so schön, die alte Lebensfreude, das Gefühl, wieder einmal ganz drunter zu sein nach dem vielen Einsiedlertum.*[135] Kontakt nahm sie wieder zu Alfred Friess auf, der weiterhin der «fremde Herr» blieb. Auch Namen anderer Männer, mit denen Franziska zu Reventlow erotische Beziehungen einging, tauchen zu dieser Zeit in ihren Tagebüchern auf.

Trotz der vielen Glücksmomente mit *Bubi*, wie sie den Sohn nannte, hieß es für Reventlow zuallererst arbeiten. Tage- und nächtelang saß sie an ihren Übersetzungen für den Albert Langen Verlag, dessen Honorare bescheiden, jedenfalls für sie und ihren Sohn nicht ausreichend waren. Die Scheidungskosten und die hohen Arzt- und Krankenhausrechnungen waren erdrückend. Für die Sicherung ihrer materiellen Existenz entwickelte sie ein mitunter originelles Improvisationstalent. Gläubigern und Gerichtsvollziehern entzog sie sich entweder durch die Flucht aufs Land oder trat ihnen ironisch entgegen, indem sie dem Gerichtsvollzieher den Soxhletapparat – einen Apparat, mit dem man Milch für Kinder aufkochen konnte – zum Ankleben des Kuckucks anbot.

In ihrem Tagebuch konnte sie eine *Extraeinnahme von 200 Mark*[136] verzeichnen. In der Frage der Prostitution hatte Franziska zu Reventlow keine moralischen Bedenken und meinte: *Ach, guter Gott, in Geschichten werfen sich sündige Mütter an der Wiege ihres Kindes nieder etc. Ich komme müde heim, bin froh, wenn ich etwas mehr Geld in der Tasche hab' und wieder bei meinem Bübchen bin. Aber daß er mir etwas übelnehmen sollte, wenn er groß wird und einen Einblick in die Abgründe tut, durch die seine Mutter gelegentlich wandelt – er möchte mir's eher übelnehmen, wenn ich ihn und mich verhungern ließe, und wenn ich mich mit Übersetzen totschinde.*[137] Aber als eine dauerhafte Erwerbsmöglichkeit oder als Beruf wollte sie sich nicht bei der *alten Patronesse*[138] verdingen.

Einiges Talent sagte man ihr beim Geldleihen nach. In einem Telegramm versicherte sie einem großzügigen Spender, dem Schriftsteller Oscar A. H. Schmitz: *[...] den fröhlichen geber hat gott lieb.*[139]

Sie war auch regelmäßige Kundin bei Leihhäusern. Einer Anekdote zufolge soll Rolf Reventlow beim Aufbau eines Kartenhauses in einem Lokal auf die Frage, was denn das Gebilde werden solle, geantwortet haben: «Ein Leihhaus»[140].

Sie versuchte sich erfolglos als Stenotypistin, dann als Vertreterin einer Versicherungsgesellschaft, was ebenfalls nicht viel Geld einbrachte, zumal nicht mit ihrer eigenwilligen Einstellung: *Ich bin jedesmal froh, wenn die Leute gleich die Tür zumachen.*[141] Schließlich setzte sie ihre ganze Hoffnung aufs Theater. Ihr Wunsch, sich künstlerisch zu betätigen, war noch immer sehr stark, nur sah sie keine Möglichkeit in der Malerei. *Zum Malen komme ich ja jetzt auch nicht, das liegt hinter einer hohen Mauer, über die ich auf diese Weise nie hinüberkomme, sondern ich sitze vor ihr und bin froh, wenn ich mein Leben eben erhalten kann.*[142]

Das Problem beim Theater war, dass sie zunächst in den Schauspielunterricht investieren musste. Das Einüben der Rollen – zum Beispiel Luise Miller aus «Kabale und Liebe» von Friedrich Schiller – machte ihr außerordentlichen Spaß, Talent wurde ihr ebenfalls nachgesagt. Kurz und knapp heißt es 1898 im Tagebuch: *17. Juni. Geübt, geradelt, übersetzt.*[143]

Um sich aus der finanziellen Misere zu befreien, stellte die Schauspielerei jedoch keine Lösung dar. Neben der Finanzierung der Schauspielstunden waren auch die in der Regel sehr hohen Kosten für die aufwendigen Kostüme von den Schauspielerinnen selbst zu tragen.

Von den generellen Schwierigkeiten, sich als Schauspielerin im Theatersystem der Jahrhundertwende durchzusetzen, legen viele literarische Texte Zeugnis ab. Besonders Heinrich Mann und Arthur Schnitzler thematisierten die drückenden Geldsorgen der kleinen Schauspielerinnen.[144] Bei Heinrich Mann wird das Los der Schauspielerinnen so beschrieben: «Das Herumständern in den Agentenbüros, das Feilschen nicht nur mit Kraft und Talent, sondern mit ganz anderen

Wägbarkeiten. Dann der Kampf mit Regisseuren und Kolleginnen. Neid, Intrige, Schikanen – gräßlich […].» [145]

Franziska zu Reventlow war begeistert von ihrem Schauspielunterricht, der zu einem ersten Ergebnis führte, als Otto Falckenberg, der spätere Direktor der Münchener Kammerspiele, sie für den akademisch-dramatischen Verein engagierte. Das Stück fiel beim Publikum durch; Reventlows Karriere als Schauspielerin endete mit diesem ersten Auftritt. Ein versprochenes Engagement beim Theater am Gärtnerplatz wurde mit der Begründung zurückgenommen, sie besäße nicht die nötige Reife.

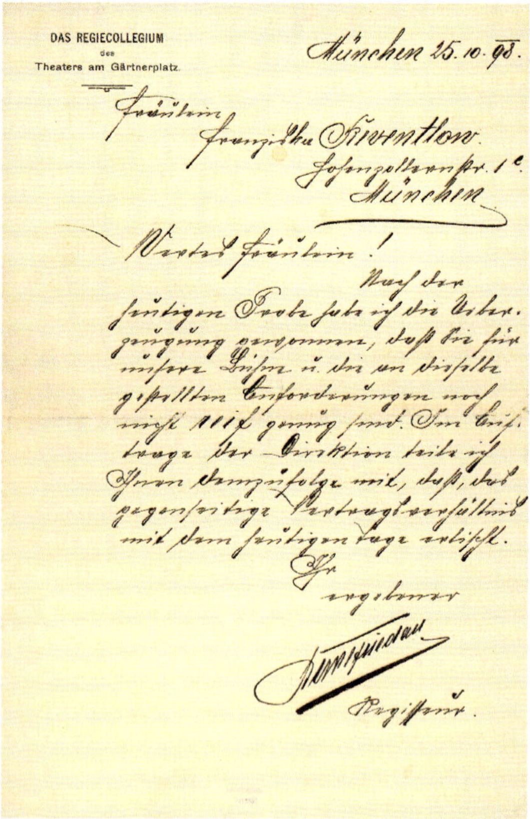

DAS REGIECOLLEGIUM
des
Theaters am Gärtnerplatz.

München 25. 10. 98.

Fräulein
Franziska Reventlow.
Hohenzollernstr. 1c
München

Werthes Fräulein!

Nach der heutigen Probe habe ich die Ueberzeugung gewonnen, daß Sie für unsere Bühne u. die an dieselbe gestellten Anforderungen noch nicht reif genug sind. Im Auftrage der Direktion teile ich Ihnen demzufolge mit, daß das gegenseitige Vertragsverhältnis mit dem heutigen Tage erlischt.

Ihr
ergebener
[illegible]
Regisseur.

Ablehnungsschreiben des Theaters am Gärtnerplatz, 1898

Im Jahr 1897 schrieb Reventlow eine Satire mit dem Titel *Das Gräfliche Milchgeschäft*, die in der «Neuen Rundschau» erschien. Die Satire handelt von einer Gräfin, die von einem Bekannten erfährt, dass ein Milchladen zu günstigen Konditionen zu pachten sei. Die Gräfin wittert die Chance, als Geschäftsinhaberin endlich Geld verdienen zu können. Ihrer Unbekümmertheit entgeht jedoch, dass zur Geschäftsführung auch kaufmännisches Geschick erforderlich ist, etwa bei der Kalkulation der zu kaufenden Ware. Sie bestellt viel zu große Mengen, die Kunden bleiben aus, und ihre Freunde sind nicht in der Lage, die Milch vor dem Verderben zu retten. Das Projekt scheitert, die Gräfin hat mehr Schulden als zuvor und flüchtet vor ihren Gläubigern aufs Land.

Die Vorstellung, sich durch die Übernahme eines Milchgeschäftes die materielle Existenz sichern zu können, hatte einige Jahrzehnte zuvor der Philosoph Max Stirner formuliert. Er hatte die Idee, ganz Berlin mit Milch zu versorgen. Reventlow nahm die Kaufmannsphantasien der Bohemiens in ihrer Satire mit vielen komischen Details ironisch aufs Korn. Joachim Ringelnatz, der seine Gedichte in den späten neunziger Jahren als Hausdichter in der Kneipe von Käthe Kobus vortrug, unternahm tatsächlich ein ähnliches Unterfangen mit der Gründung eines Tabakladens – und scheiterte wie die Gräfin in der Erzählung *Das Gräfliche Milchgeschäft.*[146]

Reventlows Satire ist kurz nach der Erstveröffentlichung zusammen mit der Erzählung *Christus. Ein Interview* in dem Band «Klosterjungen. Humoresken von F. zu Reventlow und O. Eugen Thossan» in Leipzig erschienen und erhielt eine wohlwollende Kritik von Michael Georg Conrad. Er schrieb: «Und man hat bei ihr nicht bloß das Gefühl: Die kann etwas! sondern auch das andere: die kann noch sehr viel mehr, als sie hier giebt.»[147]

Ihren Sohn liebte sie sehr, auch ihre Existenz als Mutter gefiel ihr ausnehmend gut, ja, sie inszenierte ihre Mutterrolle, freute sich, mit ihrem Kind in weißen Gewändern vor dem Fotografen zu posieren. Von «Madonnenmutterverehrung» sprach Rainer Maria Rilke angesichts dieser Fotografien.[148]

Dass sie aber bei aller Liebe zu ihrem Sohn und ihrer Freude über die Mutterschaft nicht einem Mutterkult anhing, wie er zum Beispiel bei der konservativen Frauenrechtlerin Ellen Key zu finden ist, die der Auffassung war, die alleinige Daseinsbestimmung des Weibes läge in der Mutterschaft[149], zeigen ihre Aufsätze, die in den «Zürcher Diskußionen» von Oskar Panizza erschienen. Unter dem Titel *Viragines oder Hetären* ging Reventlow der Frage nach *Was Frauen ziemt?* und äußerte sich scharf und spöttisch über das Philistertum, das aus dem Weib ein Dekorationsstück zu machen versuche.[150] Gleichzeitig wandte sie sich aber auch gegen Bestrebungen der Frauenrechtsbewegung. Die Forderung nach Gleichberechtigung lehnte sie ab, denn von einer Gleichheit der Geschlechter könne nicht die Rede sein. Reventlow machte jedoch die Einschränkung, dass die sozialen Forderungen der Frauenbewegung, sofern es sich um die arbeitende Klasse handle, berechtigt seien. Sie argumentierte, dass die biologische Verschiedenheit der Geschlechter auch zu Unterschieden in den kulturellen Leistungen führe.

In ihren Positionen erinnert Reventlow an Georg Simmel, der 1902 in seinem Aufsatz «Weibliche Kultur» über die Frauenbewegung befand: «Ihre objektive Kulturbedeutung kann nicht dies sein, daß die Lebens- und Leistungsformen, die bisher nur für die Männer bestanden, nun noch soundso oft von Frauen ausgeführt werden.»[151]

Die Frau sei für die Arbeit nicht geschaffen, schreibt Reventlow – sie sei nicht für den Kampf des Daseins gemacht, sondern zur Leichtigkeit, zur Freude und Schönheit. Und fast trotzig klingt es, bedenkt man ihre nächtlichen Übersetzungsarbeiten, wenn sie meint: *Wir sind dazu da, es gut zu haben und uns nicht beklagen zu müssen.*[152]

Franziska zu Reventlow fordert *volle geschlechtliche Freiheit, das ist, freie Verfügung über seinen Körper, die uns das Hetärentum wiederbringt*[153]. Sie kritisierte die christliche Gesellschaftsmoral, die Prostitution generell verdamme und verkenne, dass in der Ehe zuweilen der Prostitution vergleichbare Verhältnisse herrschten.

Schon in dem ein Jahr zuvor veröffentlichten Aufsatz über *Das Männerphantom der Frau* antwortete sie auf Ria Claaßens Artikel «Das Frauenphantom des Mannes», in dem Claaßen konventionelle Vorstellungen des Mannes über das weibliche Geschlecht bespöttelte und als Gegenbild dazu die Vision einer gleichberechtigten, geistig produktiven Frau entwarf. Franziska zu Reventlow betont die Differenz der Geschlechter im Gegensatz zum linken Flügel der Frauenbewegung, den *Bewegungsweibern*[154], wie sie die Frauenrechtlerinnen nannte.

Mit ihren Ausführungen griff Reventlow die Frauenbewegung an, die ihr als *Feindin aller erotischen Kultur* erschien, *weil sie die Weiber vermännlichen*[155] wolle, aber auch konservative Positionen, indem sie Mutterschaft und Erotik außerhalb der Ehe als denkbar und lebbar darstellte.

Franziska zu Reventlow verweist auf die Hetäre: *Die Hetären des Altertums waren freie, hochgebildete und geachtete Frauen, denen niemand es übel nahm, wenn sie ihre Liebe und ihren Körper verschenkten, an wen sie wollten und so oft sie wollten, und die gleichzeitig am geistigen Leben der Männer mit teilnahmen.*[156]

In Reventlows Aufsätzen finden sich reaktionäre und fortschrittliche Tendenzen. Einerseits behauptet sie, Frauen könnten aufgrund ihrer Natur keine Kunstwerke schaffen, andererseits stellt sie emanzipatorische Forderungen nach sexueller Selbstbestimmung[157].

Trotz ihrer Angriffe auf Strömungen der Frauenbewegung pflegte die Verfasserin dieser «ketzerischen» Gedanken[158] Freundschaften mit prominenten Frauenrechtlerinnen. Die promovierte Juristin Anita Augspurg war eine der führenden Frauenrechtlerinnen, als Vorsitzende des Verbandes für Frauenvereine und Gründerin des Vereins für Frauenstimmrecht

Anita Augspurg

setzte sie sich für die politische Gleichberechtigung der Frau ein.[159] Mit Anita Augspurg war Franziska zu Reventlow befreundet und ging mir ihr zuweilen zum Schwimmen an die Isar: *Drückend heiße Gewitterluft. Mit Anita Augspurg herrliche Abendbäder in der Isar bei Sonnenuntergang.*[160] Mit Helene Böhlau, der Verfasserin von radikalen Romanen wie «Halbthier!», «Das Recht der Mutter» und «Der Rangierbahnhof», in denen die Autorin sich gegen patriarchale Strukturen der wilhelminischen Gesellschaft aussprach, hatte Reventlow regelmäßigen Kontakt.

An einem Junitag 1899 ging Franziska zu Reventlow mit ihrem Sohn in den Isarauen spazieren und traf dort den Schriftsteller Friedrich Huch, der sie mit Hans Heinrich Busse, dem Begründer eines Graphologischen Instituts, und Ludwig Klages bekannt machte. Reventlow stellte gleich fest, dass Klages *die Hauptsache*[161] sei, und auch Klages schrieb in seinen Erinnerungen emphatisch über ihre erste Begegnung. «Vielmehr saßen wir zu vieren um einen Tisch herum, ich der Gräfin gegenüber, gebannt vom prachtvollen Blau der großen Augen, dem hellen, klingenden Lachen, der unbeschreiblich faszinierenden Stimme. In dieser Frau – so fühlte und glaubte ich – begegnet mir, gestaltet und verkörpert, das Element nordischen Heidentums in unvermischter Reinheit, strahlend, unbesieglich und eine Verheißung, wie es deren keine noch gab, keine je wieder geben wird.»[162]

Kurze Zeit nach diesem ersten Treffen notierte Franziska zu Reventlow in ihr Tagebuch: *Ein wundervoller Abend mit Klages. Ich erzählte ihm fast mein ganzes Leben und auch von Friess. Das erstemal, daß ich so zu einem Menschen reden konnte. Ich sehnte mich ja immer nach einem Menschen, der fliegen könnte, und ich glaube, er kann es. Wohl mir, daß ich ihn gefunden habe.*[163]

Ludwig Klages, ehemaliger Student der Chemie, Jugendfreund von Theodor Lessing, nunmehr Philosoph und Graphologe, gründete 1896 mit Hans Heinrich Busse die «Deutsche Graphologische Gesellschaft». Darüber hinaus stand er in engem Kontakt zu dem als «Meister» bezeichneten Schriftsteller und Herausgeber der «Blätter für die Kunst» Stefan George.

Mit dem ehemaligen Archäologiestudenten Alfred Schuler, dem promovierten Germanisten und Bibliophilen Karl Wolfskehl und anfangs auch Ludwig Derleth bildete Ludwig Klages einen philosophischen Zirkel, die so genannte «kosmische Runde».

Mit diesem Kreis kam Franziska zu Reventlow erst später in Berührung; vorerst pflegte sie hauptsächlich freundschaftlichen Kontakt zu Klages, dem sie vieles anvertrauen konnte, was sie ansonsten nur schwer nach außen dringen ließ. Aber auch von ihm zog sie sich immer wieder zurück, besonders nach intensiven offenbarenden Gesprächen: *Wenn ich einem Menschen einmal so ungeheuer rückhaltlos mein Inneres gezeigt habe, werde ich hinterher leicht scheu und plötzlich verschlossen.*[164]

Franziska zu Reventlow erzählte Ludwig Klages von ihrer aufreibenden und unglücklichen Beziehung zu *Monsieur*, Dr. Alfred Friess. Auch nachdem sie den Geologen Albrecht Hentschel kennen lernte und somit zwischen zwei Männern stand, war es wieder Ludwig Klages, dem sie sich anvertraute. Sie stellte Friess und Hentschel als Gegensätze dar. *Er [Hentschel] ist der Tag mit seinem Leben und seiner Wärme und Friess wie die Nacht mit ihrem Halbtot und ihren intimen Reizen.*[165]

Wenig einverstanden war Klages mit Franziska zu Reventlows Bekanntschaften aus dem Theater. *Das Getobe mit all den Jungens ist sehr lustig. Klages kann diese Art von Betrieb nicht leiden, er findet, daß ich mich durch den Verkehr mit Minderwertigen entwerte, begreift nicht, daß bei mir sich das alles von selbst auseinanderhält. Ich verkehre ja doch mit all den Buben nicht wie mit Menschen von wirklicher Bedeutung, sondern weil's mir Spaß macht. Gerade das ganz oberflächliche Amüsieren ist auch etwas, was ich brauche.*[166]

Klages versuchte, Einfluss auf Reventlows Lebensführung zu nehmen, was später zu Missstimmigkeiten und Vorwürfen führte. Vorerst war sie ihm jedoch dankbar. Er unterstützte sie in ihrem Vorhaben, einen Roman über ihr bisheriges Leben, ihre Jugend, ihren Ausbruch aus dem aristokratischen Elternhaus und die Flucht in die Münchener Boheme zu schreiben. Die Idee, einen Roman zu verfassen, war mit der Hoffnung verbunden, Geld zu verdienen. Franziska zu Reventlows eigentliche künstlerische Ambition lag in der Malerei. Den Beruf der Schriftstellerin lehnte sie ab. Sie behauptete dies auch dann, wenn sie sich um literarische Aufträge bemühte. An Otto Julius Bierbaum, den Begründer der Zeitschrift «Die Insel», schrieb sie Mitte 1899: *Mir hat unlängst jemand gesagt, daß Sie eine neue Zeitschrift gründen und die Bemerkung hinzugefügt «Das wäre etwas für Sie» (mich), ich solle Sie doch aufsuchen. Erschrecken Sie also nicht, wenn ich Sie auf diesen etwas schwachen Anhaltspunkt mit einem Schreibbrief belästige – da Sie hier nicht mehr zu finden waren. Zweck derselben ist also Sie zu fragen, ob Sie vielleicht Verwendung für meine schwachen Kräfte haben, ich möchte z. B. sehr gerne Theaterberichte, Bücherrezensionen oder dergl. schreiben. Ich weiß nicht, ob Ihnen mein Name bekannt ist, bitte Sie aber, [mich] nicht für eine sogenannte «Schriftstellerin» zu halten, die unzählige Manuskripte unter dem Arm trägt.*[167]

Als Albrecht Hentschel, der als Geologe arbeitete, im Jahr 1900 den Auftrag erhielt, auf der griechischen Insel Samos Gesteinsschichten zu untersuchen, lud er Franziska zu Reventlow und ihren Sohn Rolf zu dieser Reise ein. Sie sagte zu, unterstützt von Ludwig Klages, und nahm sich vor, in dieser Zeit ihren Roman zu schreiben. Sie unterbreitete Korfiz Holm den Vorschlag, ihren Roman zu veröffentlichen, und erbat sich einen Vorschuss. Der Albert Langen Verlag willigte ein und zahlte ihr den gewünschten Betrag aus. Die Reise begann am 31. Mai 1900 und führte über Wien, Budapest, Belgrad und Konstantinopel nach Vathy auf der Insel Samos. Besonders begeistert war Franziska zu Reventlow vom Meer, das in ihr wehmütige Gedanken an ihre Heimatstadt Husum auslöste.

Bald traten jedoch Spannungen zwischen Albrecht Hentschel und ihr auf, die nicht allein auf Hentschels rüden Umgang mit ihrem Sohn zurückzuführen waren, sondern auch aus Reventlows Hoffnungen und Erwartungen Hentschel gegenüber resultierten: *Im Anfang war das anders. Glaubte, ich könnte mit ihm ein Stück Weges lachend durchs Leben gehn. Aber er hat nicht das Lachen, das ich brauche, das Gleiches in mir auslösen kann.*[168] Sie dachte daran, sich von ihm zu trennen. Nach einer

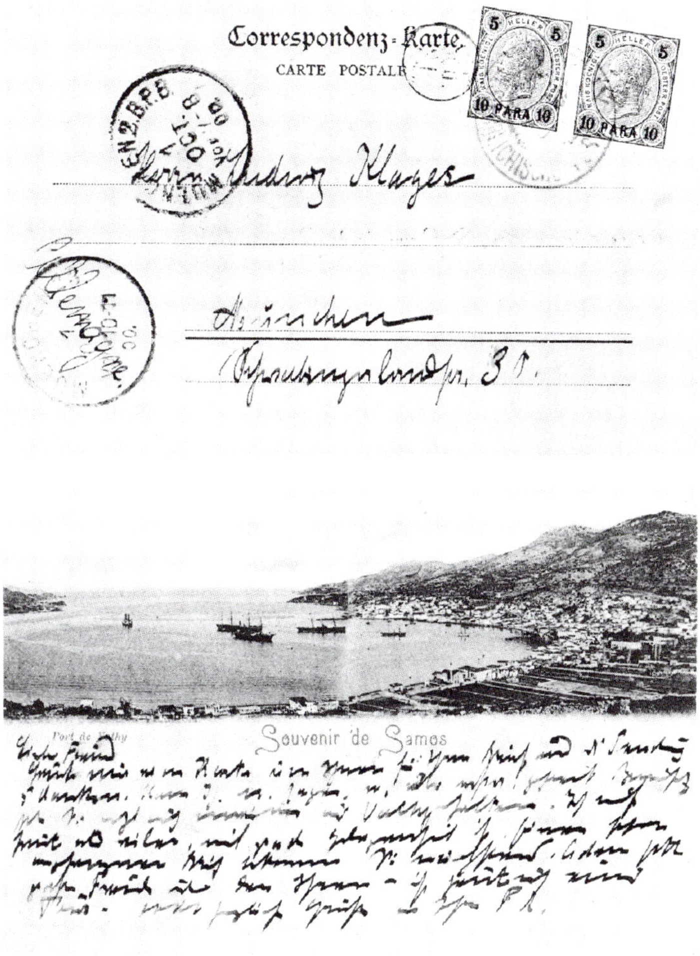

Franziska zu Reventlow an Ludwig Klages: Postkarte aus Samos, Oktober 1900

Aussprache, bei der Franziska Hentschel von ihrem Verhältnis zu Friess erzählte und Hentschel ihr gestand, dass er verlobt sei, entspannte sich die Beziehung vorerst wieder: *Nicht Geliebter, nicht Freund, nicht Bruder – etwas von allen dreien.*[169]

Im Dezember 1900 kehrten sie nach München zurück. Die Zeit mit ihrem Sohn hatte Reventlow genossen und außerdem den Aufenthalt für intensive Lektüre und Beschäftigung mit der griechischen Kultur genutzt. Auch an ihrem autobiographischen Roman hatte sie gearbeitet, aber längst nicht intensiv genug, um ein fertiges Manuskript abgeben zu können, für das sie schließlich den Vorschuss von Korfiz Holm erhalten hatte. Die Erklärung, die sie ihrem Lektor gab, klang mehr als abenteuerlich. Ihr Koffer, schilderte sie ihm, habe bei der Rückreise von Griechenland nicht nur das Manuskript enthalten, sondern auch einen geladenen Revolver, der wiederum just bei der Zollkontrolle losgegangen sei. Der Koffer mitsamt Manuskript sei daraufhin von den Zollbeamten beschlagnahmt worden. Korfiz Holm musste sich die Frage stellen, für wie einfältig Reventlow ihn wohl hielt.[170] Gleichwohl erfand Franziska zu Reventlow diese Geschichte nicht ganz; Revolverschuss und Beschlagnahme des Koffers stimmten, sie hatte jedoch erst den Anfang des Romans geschrieben.

Nach ihrer Rückkehr nach München nahm sie einen neuen – diesmal erfolgreichen – Anlauf, den Roman zu schreiben. Die Niederschrift von *Ellen Olestjerne* fiel ihr nicht leicht, denn sie bedeutete eine Auseinandersetzung mit ihrer als erdrückend und quälend empfundenen Kindheit. Schaffenseuphorie und Schreibhemmungen wechselten einander ab. Dem ersten Tatendrang und Gestaltungswillen folgten depressive Zustände, in denen sie unter Einsamkeit und Selbstzweifeln litt. Das autobiographische Schreiben wurde zu einer Auseinandersetzung mit ihrer Identität, wie sie sich in der Spiegelmetaphorik ausdrückt; an Klages schrieb sie im November 1901: *Ich glaube überhaupt, lieber Freund, daß ich oft nicht weit davon bin, verrückt zu werden, z. B. in solchen Momenten, wo man vor dem Spiegel steht und vergebens sucht, sich klarzumachen, daß ich das bin. Und dann ist man auch wirklich nicht da und fühlt, daß nur ein absolutes Nichts da ist.*[171]

Außerdem stellte sie ihre Fähigkeit, Ereignisse literarisch darstellen zu können, in Frage: *Chaos – wie beim Brotbacken, wenn das Mehl nicht in den Teig hinein will. Und gleich wieder ner-*

vös, gleich wieder das Überarbeitungsgefühl.[172] Dann gab es Momente der Zuversicht und der Hoffnung auf ein gelungenes Buch. In all dieser Zeit war Klages ihr erster Kritiker: *Steine, Zentner und Mühlräder vom Herzen, daß er es gut fand.*[173]

In den Jahren 1901 und 1902 – bis zum Abschluss des Romans – unterstützte Klages sie auch bei der Lösung alltäglicher Probleme. Ihm gelang es, eine polnische Industriellengattin – Paula Richter aus Lodz – zu finden, die bereit war, einen monatlichen Betrag für die Schriftstellerin, die nie eine sein wollte, zu zahlen.[174] Dieses monatliche Einkommen ermöglichte Franziska zu Reventlow, mit ihrem Sohn bis zum Abschluss des Romans zeitweise auf dem Land zu leben und dem Münchener Treiben zu entfliehen. Bis dahin war es ihr gelungen, das gesetzliche Verfahren für die Bestimmung eines erforderlichen zweiten Vormunds zu umgehen; das Vormundschaftsgericht in München bestand jedoch nun darauf, dass sie einen zweiten Vormund benannte. Sie bat Ludwig Klages darum, das Amt zu übernehmen, das er bis zur Volljährigkeit Rolfs auch ausübte.[175]

Um intensiv schreiben und arbeiten zu können, hatte sie sich zunächst nach Lenggries zurückgezogen, wo es ihr bald zu eintönig wurde, dann nach Schäftlarn in der Nähe von Bad Tölz. *Drei schöne weltferne Tage*[176] erlebte Franziska zu Reventlow mit Ludwig Klages am Ammersee im April 1901. Im Sommer fühlte sie sich von ihren anderen Freunden verlassen, nur Klages kümmerte sich von München aus um sie. *Klages gehört zu mir, lebt mit uns, die andern erinnern sich von Zeit zu Zeit, daß ich lebe und irgendwo bin.*[177]

Im August 1901 notierte Reventlow nach einem gemeinsamen Ausflug an den Ammersee in ihr Tagebuch: *Ich konnte mit einmal lachen, es klangen so viele Saiten in uns. […] Das Gefühl des Verliebtseins.*[178] Von einer intensiven erotischen Beziehung zwischen Reventlow und Klages kann jedoch nicht unbedingt die Rede sein, auch wenn Franziska zu Reventlow in einem Brief versuchte, Klages seinen Verdacht auszureden, ihr nicht zu genügen: *Du könntest manchmal denken, daß gerade Du mein Begehren nicht wachriefest – wenn ich so lange stumm bin – Aber*

Ludwig Klages

das ist nicht wahr, es ist allertiefste Wollust, die ich in unseren Stunden empfinde, nicht gütiges Gewähren, wie Du manchmal sagtest.[179]

Sie drückte sich in diesem Brief in einem Vokabular und einem Stil aus, der an Klages Sprachduktus erinnert. Ludwig Klages' homoerotische Neigungen sind Reventlow jedoch nicht verborgen geblieben. Es lagen auch verschiedene Missverständnisse vor. «Liebe, Sympathie, Begeisterungsfähigkeit, einfache menschliche Wärme ist mir versagt. Eben darum gibt es für mich nur eine Sehnsucht: Rausch»[180], schrieb Klages an seinen Jugendfreund Theodor Lessing. Er formulierte seine Sehnsucht nach Ich-Auflösung und Rausch, dabei konnte er in seinem Leben rauschhafte Zustände nicht zulassen. Selbstüberschätzung und Größenwahn hinderten ihn, tiefere menschliche Bindungen einzugehen.[181] Dies hatte Reventlow sehr wohl erkannt, als sie später über ihn schrieb: *Mein Gott, was ist Klages eigentlich? Am Ende doch nur ein Mensch mit Größenwahnsinn und Ichsucht und einem wundervollen Verstand, der uns alle hingerissen hat.*[182]

Seine große Liebe zu Franziska zu Reventlow war eine Projektion seiner Vorstellung vom «Eros der Ferne», die nicht mit Erotik gleichzusetzen ist. Unter dem «Eros der Ferne» verstand Klages «tiefste Fremdheit, pochendes Rätsel, aus unbekannten Horizonten flammende Vision, ewiges Geheimnis», und der «Eros der Ferne», betonte er, habe seinen Ursprung nicht in der Begierde, sondern in der Sehnsucht.[183]

Ludwig Klages (1872, Hannover – 1956, Kilchberg), promovierter Chemiker, gründete in München ein privates Seminar für Ausdruckskunde. Von einer biozentrischen Anthropologie ausgehend, vertrat Klages die These einer ursprünglichen Leib-Seele-Einheit, die durch den hinzugekommenen Intellekt gestört werde. Auf dieser These beruht auch seine psychologische Arbeit über Ausdruckskunde und Graphologie.

Klages versuchte Reventlow für sich zu vereinnahmen und immer mehr Einfluss auf ihr Leben zu nehmen. Er kritisierte ihren immensen Zigarettenkonsum, schlug ihr vor, sich in einem Sanatorium zu erholen. Ab 1902 distanzierte sie sich immer mehr von ihm. *Zu dem tiefen gemeinsamen Leben, das Ihre Sehnsucht wollte – zu dem bin ich nicht fähig, meine Seele wird niemals mehr – auch wohl nur danach verlangen, in eine andere Seele hinüberzufließen. Und das war es, was Sie wollten*[184], schrieb sie ihm am 1. April 1902. Ihre Beziehung kühlte ab, sie verhielten sich höflich-distanziert, wenn sie sich bei Veranstaltungen oder im Café trafen.

Klages hatte ihr Flatterhaftigkeit vorgeworfen: «Ihnen, meine Freundin, ist etwas dem Fluge des Falters verwandt, Ihnen ist das Leben […] eine endlose Blütenwiese. Solchem Faltertanz kann ich wohl bewundernd zuschauen, aber ich kann nicht mit. […] Eigentlich lassen mich Blumen kalt. Ich kann nicht […] über Flimmerwiesen wirre Bahnen ziehen. Zu traurig und fern ist meine Seele, sie fliegt immer nur ins Abendrot.»[185]

Franziska zu Reventlow wiederum bezeichnete ihn als *Oberkontrolleur*[186] und beschrieb ihn in dem Roman *Von Paul zu Pedro* als *Retter*: *Der Retter meint es gut und aufrichtig, schon das ist schwer zu ertragen. Und er leidet durch die Bank an unheilbarer Selbstüberschätzung, hält sich eben für den, der imstande sei, unser zerflattertes Liebesleben einzufangen und auf einen Hauptpunkt, nämlich auf sich selbst zu konzentrieren. Er findet, es sei ein Jammer, daß wir uns zeitlebens so weggeworfen haben, an so viele, die es nicht wert waren. [...] Ja, er läßt es an Verständnis nicht fehlen und ist überzeugt, man habe jeden, dem man sich «hingegeben», glühend und tief geliebt, aber er war es in den seltensten Fällen wert.*[187]

Lust und Leid einer «modernen Hetäre» (1901–1904)

Ludwig Klages führte Franziska zu Reventlow in den Kreis der «Kosmiker» ein, der selbst in seiner Blütezeit – in den Jahren 1897 bis 1904 – eher ein Randphänomen der Geistes- und Literaturgeschichte blieb. Die Kosmiker-Runde, einer unter vielen anderen Kreisen im Schwabing der Jahrhundertwende, bestand neben Ludwig Klages aus Alfred Schuler, Karl Wolfskehl und Ludwig Derleth, der sich um 1900 mit einem eigenen Zirkel unter christlich-militanten Vorzeichen absonderte. Stefan George wiederum, der bei seinen Aufenthalten in München bei Karl Wolfskehl lebte, stand den Kosmikern sehr nahe und dachte zeitweilig ähnlich wie diese, hatte im Übrigen aber einen eigenen Kreis um sich versammelt. Franziska zu Reventlow kam deshalb mit Stefan George auch nicht näher in Kontakt; nach ihrer ersten Begegnung bemerkte sie: *Fast unheimlich, dieser seltsam gebildete Kopf mit den erloschenen Augen. Kommt einem nicht recht wie ein wirklicher Mensch vor, trotzdem er lachen kann.*[188]

Ungefähr zehn Jahre später verfasste Franziska zu Reventlow mit dem Roman *Herrn Dames Aufzeichnungen aus einem merkwürdigen Stadtteil* einen kulturhistorischen Spiegel dieser Zeit und der Ereignisse, in dem sie die «Merkwürdigkeiten» der kosmischen Theorien prägnant und mit ironischer Distanz darlegte.

Herr Dame, *ein junger Mann aus guter Familie und von sorgfältiger Erziehung mit einer Beimischung von mattem Lebemanntum*[189], wird zur Ausbildung nach *Wahnmoching* geschickt. Dort gerät er in den Strudel der Boheme. Erklärungen erhält der schüchterne junge Mann von einem rationalistischen Philosophen namens Dr. Sendt, der ihn in die verschiedenen

Theoreme und Weltanschauungen einführt. *Wahnmoching* steht in diesem Roman für Schwabing – in Anlehnung an das nahe bei München gelegene Dorf Feldmoching –, wird aber nicht als geographische Definition verstanden, sondern als eine ideologische: *Wahnmoching ist eine geistige Bewegung, ein Niveau, eine Richtung, ein Protest, ein neuer Kult oder vielmehr der Versuch, aus uralten Kulten wieder neue religiöse Möglichkeiten zu gewinnen.*[190]

Die Kosmiker haben nie ein verbindliches Selbstverständnis formuliert, waren aber alle erfüllt von «Todessehnsucht, Lebensüberdruß und Hoffnungen auf Wiedergeburt. [...] Ein Hang zum Geheimnisvollen, in dem deutlich romantische Reminiszenzen erkennbar waren, verband sich mit mystischen Neigungen, bei denen sich die Wollust des Fleisches kaum von spirituellen Begierden trennen ließ.»[191] Sie sehnten sich nach einem reinen Leben, «wo der Mensch im Rhythmus der Erde lebte, ohne Verfälschung, ohne die von einer Zivilisation geschaffenen unnützen Hindernisse»[192]. Aus dieser Sehnsucht nach dem «Urzustand», gekoppelt mit der Ablehnung des modernen Fortschrittsglaubens und einer ausgeprägten Zivilisationsmüdigkeit entwickelten die Mitglieder der Kosmiker-Runde Gedankenkonstrukte, die in Reventlows späteren Darstellungen in erster Linie skurril und wunderlich erscheinen. Eine besondere Betonung legte Re-

Erstausgabe des Romans, 1913. Umschlagzeichnung: Alphons Woelfle

ventlow auf die antisemitischen Tendenzen in Schulers und Klages' Denken. Auch die Selbstinszenierung der Kosmiker mit ihrem ausgetüftelten Verhaltenskodex und den für Außenstehende unverständlichen Jargon nahm Franziska zu Reventlow aufs Korn. Eine systematische Auseinandersetzung mit den Inhalten dieser Philosophie hat sie zu der Zeit, als sie mit ihnen befreundet war, nicht vorgenommen. Zurückhaltend stellte sie im Dezember 1901 Klages die Frage: *Wollen Sie mir für die «Ferien» das «Mutterrecht» anvertrauen?, oder lachen Sie mich aus, wenn ich so etwas lesen will?*[193]

Karl Wolfskehl war bei den Vorarbeiten zu seiner germanistischen Dissertation «Germanische Werbungssagen» auf das Werk «Das Mutterrecht. Eine Untersuchung über die Gynaikokratie der alten Welt nach ihrer religiösen und rechtlichen Natur» von Johann Jakob Bachofen aus dem Jahr 1861 gestoßen. In diesem Werk fanden die Kosmiker die Bestätigung ihres eigenen Denkens. Bachofen, Orientalist und Mythenforscher, hatte die These aufgestellt, dass es vor den patriarchalisch geprägten Gesellschaftsformen antihierarchische Naturgesellschaften gegeben habe, in denen das Weib als Urbild der Mutter Erde verehrt worden sei und in denen folglich das Mutterrecht geherrscht habe. In diesen Gesellschaftsformen habe das dionysische Prinzip mit seiner Sinnlichkeit regiert, sei dann aber von dem geistigen Apollo-Prinzip abgelöst worden. Dies nun wiederum führte nach Bachofen zu den rational-zivilisatorischen Gesellschaftsformen, in denen der Logos über den Eros gesiegt habe. Peter Landmann aus dem Stefan-George-Kreis fasste die Bedeutung des «Mutterrechts» für die Kosmiker zusammen: «Nicht der Mann, sondern die Frau im Mittelpunkt, nicht der rechnende Geist, sondern schwellende Seele, erfüllt von Mythos und Symbol. Unter, hinter dem Mutterrecht lag eine noch tiefere Schicht, wo es auch die Familie noch nicht gab! Die Frau als Hetäre.»[194]

Die beste Quelle, fast bis ans Tatsächliche heran, jedenfalls für Stimmung und Luft der Epoche ist und bleibt der Reventlow Herrn Dames Aufzeichnungen.

Karl Wolfskehl

Damit wird verständlich, warum Franziska zu Reventlow begeisterte Aufnahme bei den Kosmikern gefunden hatte. Als Mutter eines unehelichen Kindes und als eine Frau, die Lebensfreude und Sinnlichkeit ausstrahlte, wurde sie zur Personifikation der *heidnischen Heiligen*[195]. Sie widersetzte sich dieser Zuschreibung zunächst nicht, wandte sich jedoch bald gegen die Indiskretion der Freunde, die Bemerkungen über ihre Liebesbeziehungen machten: *Aber unsere Sache ist quasi Gemeingut geworden, lauter fremde Hände dazwischen.*[196]

Die Kosmiker vertraten unter Berufung auf Bachofen die Auffassung, dass eine Wiederbelebung des Dionysos-Prinzips möglich sei, und hofften auf eine Überwindung des apollinischen Prinzips, damit die «Seele auch in den modernen Zeiten ihre Macht über den Geist zurückgewinnen werde»[197]. Klages veröffentlichte bezeichnenderweise eine Abhandlung unter dem Titel «Der Geist als Widersacher der Seele».

Die Kosmiker: Karl Wolfskehl, Alfred Schuler, Ludwig Klages, Stefan George und Albert Verwey (v.l.n r.)

Alfred Schuler, der den Zeitgenossen als eine unheimliche und befremdliche Gestalt erschien, nahm den Gedanken eines neuen heidnischen Zeitalters besonders ernst. Er war der Überzeugung, dass in ihm noch alte heidnische Substanzen vorhanden seien, und stilisierte sich als Römer. Auf der Auer Dult, einem Münchener Krämermarkt, suchte er nach alten römischen Gegenständen, bevorzugt kupfernes Geschirr, in denen sich die heidnischen Substanzen seiner Überzeugung nach bewahrt hatten.[198]

Erfüllt von der Hoffnung auf eine «Renaissance des Heidnischen»[199], wandten sich besonders Schuler und Klages gegen das «Molochitische». Moloch, der menschenopfernde Gott der Kanaaiter, wurde zum Symbol für alles Lebensfeindliche und Lebensverneinende – im Gegensatz zum kosmischen Prinzip als Sinnbild des Lebensbejahenden. In *Herrn Dames Aufzeichnungen* heißt es: *Man wandte nun in unserem Stadtteil mit Vorliebe diesen Gegensatz auf die Rassensubstanzen an und gelangte zu dem Resultat: die Arier repräsentieren das aufbauende, kosmische Prinzip, die Semiten dagegen das zersetzende, negativ-molochitische.*[200]

Nach Schuler muss gerade das Judentum als das Molochitische betrachtet werden, weil es die alten heidnischen Götter vertrieben habe. In Schulers Gedankenwelt wird Martin Luther zum Juden deklariert, weil durch ihn der Rest von Heidentum in der katholischen Kirche vernichtet worden sei. Reventlow schreibt: *Luther zum Beispiel, den man im allgemeinen für einen Germanen halten dürfte, wandte sich gegen die heidnischen Reste im Katholizismus – verneinte sie und bewirkte ihre Zersetzung, folglich war er molochitisch – folglich war er nach Delius [d. i. Alfred Schuler] ein Jude.*[201]

Um 1900 empfanden es die Kosmiker deshalb noch nicht als Widerspruch, dass einige ihrer Mitglieder, wie zum Beispiel Karl Wolfskehl selbst, Juden waren. Roderich Huch, Neffe der Schriftstellerin Ricarda Huch, erklärte dies folgendermaßen: «Es war sogar auffällig, wie wenig sich die mir damals bekannten Juden aus dem Wolfskehlschen Kreise von Klages' Behandlung der Judenfrage getroffen fühlten, denn kein einziger von ihnen bezog etwa Klages' Verdammung der ‹Juden› auf sich und überhaupt auf wirkliche Juden. Im Gegenteil verkehrten sie ganz unbefangen mit ihm und waren offenbar überzeugt, dass sie selbst – als Bekenner des Dionysos – gar nicht ‹Juden› im Klages'schen Sinne sein könnten, zumal sie ja Klages' Standpunkt vollkommen teilten und das molochitische Denken ebenso verdammten wie er selbst.»[202]

Die heidnischen Substanzen, so die These der Kosmiker, seien noch vorhanden, sie müssten nur reaktiviert werden. Dazu seien nur ausgewählte Menschen befähigt – die so genannten Sonnenkinder, zu denen Schuler etwa den bayrischen König Ludwig II. und die österreichische Kaiserin Elisabeth zählte. Als Sonnenknabe wurde sowohl in der Kosmiker-Runde als auch im Stefan-George-Kreis der gut aussehende blonde Roderich Huch bezeichnet, mit dem Franziska zu Reventlow zum besonderen Ärgernis für Klages ein Verhältnis hatte.

Schulers Vorstellungen von den heidnischen Substanzen gingen so weit, dass er den wahnsinnig gewordenen Friedrich Nietzsche aufsuchen und ihn mittels eines altgriechischen Korybantentanzes heilen wollte.[203]

Solche Überlegungen wurden bei den regelmäßigen Treffen im Café Luitpold und auf den wöchentlichen stattfindenden Jours bei Karl und Hanna Wolfskehl angestellt. Unter den häufig zahlreichen Gästen erschienen viele, die den Gedankengängen der Kosmiker nicht ganz folgen konnten. Die als affektiert empfundenen Verhaltensweisen der Kosmiker und der Mitglieder des George-Kreises boten häufig Anlass zu spöttischen Bemerkungen. Das Unverständnis solcher Kritiker wurde von den Kosmikern damit erklärt, dass diese in die Geheimnisse der Kosmiker nicht eingeweiht seien. Diejenigen, die die Geheimnisse verstünden oder sich zumindest den Anschein gaben, galten ihnen als «enorm», die anderen als «belanglos».

Um zu den ursprünglichen heidnischen Substanzen zu gelangen, versuchten die «Enormen» durch Maskenzüge und Faschingsfeste unter dem Zeichen des Dionysos-Kultes das Lebensbejahende heraufzubeschwören. Denn der Zustand des Rausches und der Ekstase könne jene schöpferischen Kräfte freisetzen, die im rationalen Zeitalter verborgen blieben. Die Gelehrten feierten mit akribisch genau erforschten Kostümen und den Verkleidungen exakt entsprechenden Accessoires. Lateinische Oden, Übertragungen von Dante und Gedichte von Wolfskehl und George wurden vorgetragen. «Dies war kein Karneval mehr, das waren keine Bacchanalien mehr: Das war eine Mischung von Zügellosigkeit und Pedantismus, von weihevoller Atmosphäre und kollektivem Taumel, von Ritus und Spiel, bei dem Rausch stets durch das Bemühen gezügelt worden zu sein scheint, mit dem man ihn erzeugte, und bei denen die Menschen, die immer aus dem Verstand lebten, ‹aus Vernunftgründen unvernünftig zu werden› bestrebt waren.»[204]

Eines der bedeutenden Faschingsfeste war der am 22. Februar 1903 in Karl Wolfskehls Wohnung veranstaltete Maskenzug, auf dem der Hausherr selbst als Dionysos auftrat, Stefan George als Caesar. Franziska zu Reventlow besuchte dieses

Antikes Fest in Wolfskehls Münchener Wohnung am 22. Februar 1903: Stefan George als Caesar, Karl Wolfskehl als Bacchus, vorn links Franziska zu Reventlow

Fest in Begleitung von Oscar A. H. Schmitz, einem Autor von Unterhaltungsromanen, und dem aus einer reichen Berliner Industriellenfamilie stammenden Franz Hessel. Wie komisch – und nicht kosmisch[205] – diese Faschingsfeste gewesen sind, zeigen die ironischen Darstellungen in dem Roman *Herrn Dames Aufzeichnungen.* Denn der im Rausch rasende Dionysos wurde sehr zornig, als eine der Bacchantinnen seinen goldenen Stab zerbrach: *Schade, aber in diesem Moment versagte sein heidnisches Empfinden, und er wurde ärgerlich. Nach meinem Gefühl dürfte Dionysos sich nicht ärgern, wenn Bacchantinnen oder Hermaphroditen etwas entzweibrechen. Aber außer mir hat es wohl niemand bemerkt.*[206]

Feierlich sein, ist alles! Sei dumm wie ein Thunfisch, temperamentlos wie eine Qualle, stier besessen wie ein narkotisierter Frosch, aber sei feierlich, und du wirst plötzlich Leute um dich sehen, die vor Bewunderung nicht mehr mäh sagen können.

Hanns von Gumppenberg über den George-Kreis

Auch eine andere Episode lässt – aus der Sicht von Franziska zu Reventlow – das Treiben der Gelehrten und Wissenschaftler nicht als ein dionysisches Fest erscheinen. Delius war in *Herrn Dames Aufzeichnungen* die Schlüsselfigur für Alfred Schuler, über den Theodor Lessing spöttelte, dass er «von jungen Soldaten und Matrosen, Boxern und Ringern, von muskelfesten Arbeitern in Arbeitskitteln und von starkbrüstigen Bauernbuben im Gebirglerkleid»[207] schwärmte und mit seiner Mutter zusammenlebte. Delius nun verkleidete sich auf dem großen Faschingsfest seiner kosmischen Theorie gerecht als Magna Mater, als Urmutter. Seine Mutter war auf dem Fest zugegen und sprach ihn an, was zu einer peinlichen Situation führte: *Sie begreifen, daß es nun wirklich stillos wäre, sich mit seiner Mama zu unterhalten, wenn man sich selbst als Urmutter empfindet.*[208]

Ludwig Klages war derjenige, der nicht viel von jenen Festen hielt, während Karl Wolfskehl darin aufging. Lebhaft, gastfreundlich und der «am wenigsten dogmatische»[209] aus dem Kosmikerkreis, war Karl Wolfskehl eine besonders schillernde Figur. Sein fröhliches Naturell und seine tiefe Gelehrsamkeit bewunderten viele. Franziska zu Reventlow fühlte sich stark zu Wolfskehl hingezogen. Ihre Freundschaft zu ihm entwickelte sich gegen Ende des Jahres 1902 zu einer Liebesbeziehung, die von seiner Frau Hanna, trotz des viel diskutierten Konzepts der «freien Liebe», nicht gerade wohlwollend hingenommen wurde.

Nach der *quälenden Zerrerei*[210] mit Klages empfand sie die Gegenwart Karl Wolfskehls als wohltuend. Am 5. Januar 1903 notierte sie: *Unsere Nachmittage. Mein Leben ist jetzt sehr sonnig, ohne allen Schmerz – unendlich viel innere Heiterkeit.*[211] Wolfskehl schrieb ihr fast jeden Tag Liebesbriefe. Höhepunkt war eine gemeinsame Reise nach Italien. In diesen zwei Maiwochen des Jahres 1903 wurde Sohn Rolf von der Freundin Wanda Falckenberg versorgt. Abgesehen von Franziskas Sehnsucht nach Rolf, war der Aufenthalt mit *Carlo*, wie sie Karl Wolfskehl nannte, heiter und unbekümmert. In ihr Tagebuch schrieb sie nach ihrer Rückkehr: *Die ganze Reise war ein sehr, sehr rascher, beinahe vorbeisausender Traum, mit sehr viel Schönem, und eigentlich gerade so schön, daß es so vorbeisauste.*[212] Zurück in München beendeten Wolfskehl und Reventlow die Liaison, ohne jedoch den herzlichen Umgangston aufzugeben, und blieben weiterhin freundschaftlich verbunden.

Franziska zu Reventlow war in diesen Jahren aber nicht nur mit den Kosmikern zusammen. Sie verkehrte auch in anderen Kreisen, so zum Beispiel unter den Mitarbeitern des «Simplicissimus» und unter den Schauspielern der «Elf Scharfrichter». Im April 1902 besuchte sie mit ihrem Bruder Ludwig das Kabarett, das ihr ausnehmend gut gefiel – nicht nur wegen Frank Wedekind, dessen Vortragsweise Heinrich Mann beschrieb: «Klimpern, wie gereizt dann der Vortrag. Nasal, scharf, schallend.»[213] Die große Chansonette Marya Delvard gab ihre eindrucksvollen Darbietungen, und Reventlows Freund Otto Falckenberg trat in dem Kabarett auf. Klages machte ihr die Kontaktfreudigkeit zum Vorwurf und kritisierte, dass sie mit allen gut sein wolle.[214]

Im Leben von Franziska zu Reventlow kündigten sich durch die Bekanntschaft mit dem polnischen Kunstmaler Bohdan von Suchocki und dem Schriftsteller Franz Hessel einschneidende Veränderungen an. Mit ihnen, dem Archäologen Herbert G. Koch und dem Schriftsteller Oscar A. H. Schmitz hatte sie nun einen eigenen «Kreis» um sich versammelt. Suchocki, der von ihr *Such* genannt wurde, hatte ihr schon bald nach ihrer ersten Bekanntschaft eine *Declaration d'amour*[215] gemacht, und sie verbrachten viel Zeit miteinander: *Der Karneval geht an, immer noch Eis und Schlittschuhlaufen. Schon seit langem kommt der Such jeden Abend und gehört auch ganz zu meinem Leben. Reden tun wir nicht viel, aber ich merke ihm vieles an, worüber er schweigt, sehe aber nicht ganz klar durch.*[216] Es entwickelte sich zwischen den beiden eine längere Liebesbeziehung.

Werbeplakat für das Kabarett «Die 11 Scharfrichter» von Th. Th. Heine

Mit ihm und anderen Freunden besuchte sie verschiedene Karnevalsfeste. Reventlows Freundin Marie Römermann berichtet, welche Verkleidung sie auf dem Maskenfest bei der «Elendskirchweih» in Pullach trugen: «Ich hatte mich als zerlumptes Zigeunermädchen kostümiert: grobes Bauernhemd, ein dichtgekrauster Rock aus starkblauem Fahnentuch [...]. Die Reventlow war als ‹Hingerichtete› erschienen mit einem feinen roten Strich um den Hals und im Armensünderkleide, auf das sie, der Echtheit halber, etwas rote Tinte verspritzt hatte.»[217]

Zum Ball der «Elf Scharfrichter» ging Franziska zu Reventlow mit Suchocki und Roderich Huch. Verkleidet waren sie als *griechische Knaben in schwarzen Trikots, roten Kränzen und weiß beschnürten Beinen*[218]. Reventlow konstatierte: *Fühle mich Erosdurchleuchtet.*[219]

Gleichzeitig war Franziska zu Reventlow mit der Veröffentlichung ihres Erstlingsromans *Ellen Olestjerne* beschäftigt, für den sie im Sommer 1903 unermüdlich Subskribenten suchte. Neben Helene Böhlau und Maximilian Harden, dem Herausgeber der «Zukunft», waren Frank Wedekind und Rainer Maria Rilke auf der Subskribentenliste zu finden. Als sie das Buch endlich beendet hatte, ließ sie es nicht, wie ursprünglich geplant, bei Albert Langen verlegen. Über den anhaltenden Unglauben von Korfiz Holm, den Verlust ihres ersten Manuskripts betreffend, war sie dermaßen verärgert, dass sie *Ellen Olestjerne* bei dem polnischen anarchistischen Verleger Julian Marchlewski veröffentlichte. Das Titelblatt zu dieser Ausgabe entwarf Bohdan von Suchocki.

Titelentwurf von Bohdan von Suchocki

Der Roman wurde von der Literaturkritik beachtet, aber nicht überschwänglich aufgenommen. Während in der «Frankfurter Zeitung» der feine, sichere Takt der Autorin hervorgehoben wurde, der es vermeide, in «Lüsternheit und Roheit zu verfallen»[220], lehnte Sophie Hochstetter im «Litterarischen

Echo» den Roman ab, denn Reventlow habe das «Jenseits von Gut und Böse mit dem Jenseits von Scham und Ernst»[221] verwechselt. Rilke hingegen, der den Roman für die «Zukunft» besprach, hob nicht die vielen Liebhaber der Protagonistin hervor, sondern die Einsamkeit der Heldin, die unter der Oberfläche ihres heiteren Amüsements hervorluge.[222] Reventlow selbst distanzierte sich sehr schnell von ihrem ersten Roman und nannte ihn, wie Erich Mühsam berichtete, einen «sentimentalen Schmarren»[223].

Immer mit finanziellen Schwierigkeiten kämpfend, hatte sie schon häufig ihre Wohnung wechseln müssen. Im Frühjahr 1903 fand sie durch die Vermittlung von Bohdan von Suchocki eine Wohnung mit Atelier in der Dietlindenstraße.

Einige Erholungstage verbrachte Franziska zu Reventlow im Sommer mit dem von seiner Familie großzügig unterstützten Franz Hessel, der sich immer besonders liebevoll um *Bubi* kümmerte, mit ihm spielte und ihm vorlas. Hier entstand die Idee, wie Reventlow an Karl Wolfskehl schrieb, eine Wohngemeinschaft zu dritt zu gründen: *[...] wir drei wollen zusammenmziehen, Such, Hessel und ich, mit möglichst separierten Räumen, eventuell sogar verschiedenen Wohnungen im selben Haus, aber gemeinsame Küche, der Such und ich abwechselnd vorstehen werden etc. Mit dem, was Hessel besitzt und Such verdient, kommen wir so heraus, daß ich ganz umsonst lebe und nichts zu tun brauche, wie dem Haushalt etwas auf die Finger zu sehen.*[224]

Im Herbst 1903 wurde in der Kaulbachstraße 63 ein geeignetes Wohnobjekt gefunden. Der Umzug wurde in erster Linie von Reventlow

Franz Hessel (1880, Stettin – 1941, Sanary, Frankreich) wuchs als Sohn aus wohlhabendem jüdischem Elternhaus in Stettin und Berlin auf. Studium der Literaturgeschichte in München. Verbrachte zwischen 1906 und 1928 mehr als zehn Jahre in Paris. Schrieb für Stefan Großmanns «Tagebuch». In Berlin von 1924 bis 1933 Lektor im Verlag Ernst Rowohlt, der 1924 für ihn die exklusive Zeitschrift «Vers und Prosa» gründete. 1925–27 in Paris, Proust-Übersetzung mit Walter Benjamin. Nach 1933 Schreibverbot, 1938 Emigration nach Paris. Internierung im französischen Lager Les Milles bei Aix, dank Intervention von Jules Romains entlassen, starb kurz darauf. Verheiratet mit der Malerin Helen Grund.

durchgeführt. Franz Hessel stellte sich unbeholfen und ungeschickt an, wie Reventlow stöhnte, und Suchocki war außerhalb Münchens. Bei dem Projekt einer gemeinsamen Haushaltsführung überfielen sie auch wieder Zweifel. Sie fürchtete, dass es schwierig werden könnte, allein zu sein. Das Bedürfnis nach zeitweiliger Einsamkeit hatte sie immer wieder. Kurz bevor das Haus gefunden wurde, notierte sie in ihr Tagebuch: *Wohnung suchen mit Hessselfranz. Mon Dieu, mon Dieu, ich werd's doch nicht aushalten. Lebenskommunismus ist mir doch unmöglich.*[225]

Bis zu ihrem Umzug in die Kaulbachstraße ergaben sich in ihrer Beziehung zu Suchocki einige Probleme. Er akzeptierte nicht ohne weiteres, dass Franziska zu Reventlow sich auch zu anderen Männern hingezogen fühlte. Sie schwärmte für Frank Wedekind. *Auch wieder in Wedekind verliebt, er nahm mich gegen Morgen an die Hand, führte mich herum und schaut mich an. Frage ihn, ob ich ihm jetzt endlich einmal gefalle. Darauf «fabelhafter» Blick, und ich reiße aus, damit dieser große Augenblick durch nichts zerstört würde.*[226] Sie dachte immer noch an ihren *Monsieur*, Alfred Friess. *Monsieur von der Tram aus gesehen und den alten Schock gefühlt. Muß ihn doch immer und immer wiedersehen.*[227] Und eines Tages fand Suchocki einen Liebesbrief von Karl Wolfskehl. Suchocki war eifersüchtig. Reventlow hingegen resümiert: *[…] entweder ich liebe keinen oder alle.*[228]

Trotz ihrer Flirtereien mit anderen Männern ging sie ein festes Verhältnis mit Suchocki ein. Die Wohngemeinschaft von Franziska zu Reventlow, Bohdan von Suchocki und Franz Hessel begann Ende 1903 und wurde schon bald zu einem gern aufgesuchten Treffpunkt in Schwabing.

Rolf kam im September 1904 ins schulpflichtige Alter. Reventlow setzte alle Hebel in Bewegung, um ihm den Schulbesuch zu ersparen – mit der Begründung: *[…] – muß ihn ganz frei und für mich haben, daß mir das schöne grade Bäumchen nicht verkrümmt wird.*[229] Zunächst versuchte sie, ihn mit Hilfe eines ärztlichen Attestes für ein Jahr vom

Bubi hat doch viel Feminines, aber das liebe ich sehr an ihm und protegiere es, damit er später einmal nicht mannsimpelt. Denn ein wirklicher Mensch hat doch beides in sich – ich zum Beispiel.
Franziska zu Reventlow

Schulbesuch zurückstellen zu lassen; dann bemühte sie sich um die Erlaubnis, ihn selbst zu unterrichten. Den Abschluss ihres Lehrerinnenexamens hatte sie bislang zur Ausübung ihres eigentlichen Berufes nicht benötigt, jetzt kam er ihr zugute. Rolf Reventlow schreibt in seinen Erinnerungen: «In München ging sie zu dem bekannten reformerischen und für moderne Ideen bekannten Dr. Kerschensteiner, legte ihm ihr Lehrbefähigungszeugnis vor und bekam die Erlaubnis, mich zu unterrichten.»[230] Der alljährlichen Prüfung an einer staatlichen Schule musste Rolf sich dennoch unterziehen, was in der Regel keine Probleme ergab; nur einmal hielt der Schulleiter Franziska zu Reventlow «eine Standpauke, weil sie ganz einfach ein Fach übersehen hatte, die Heimatkunde»[231].

Eine Erziehung im wilhelminischen Schulsystem hätte eine negative Auswirkung auf Rolfs Charakter gehabt, so Reventlows Befürchtung. In dem Aufsatz *Erziehung und Sittlichkeit*, den sie im Jahr 1903 verfasste, wandte sie sich gegen die so genannte «Lex Heinze», einen Gesetzesentwurf, in dem die Forderung erhoben wurde, Darstellungen von Nacktheit in der Kunst zu verbieten. Das durch Kirche und Schule propagierte falsche Schamgefühl hatte ihrer Ansicht nach nur negative Folgen auf die Entwicklung des Kindes. Ihre Forderung lautete deshalb: *Wir aber wollen unsere Kinder nicht in dieser hoffnungslosen Entsagungsödigkeit aufziehen, die man uns in unserer Kindheit gepredigt hat, – die manchen von uns um den schönsten Teil seiner Jugend gebracht hat. Dieses trostlose «Nein!»*

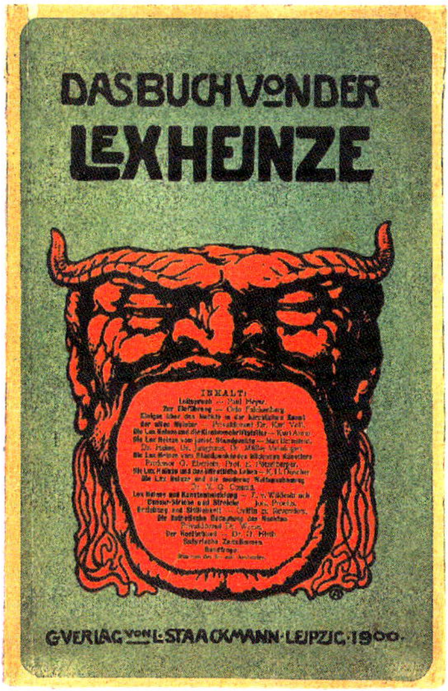

Streitschrift gegen die «Lex Heinze», mit Reventlows Beitrag «Erziehung und Sittlichkeit»

dem Leben gegenüber – das eben ist die Erbsünde, von der wir sie erlösen wollen, zu einem frohen, selbstbewußten «Ja».[232]

Im Frühjahr 1904 fand im George-Kreis eine kleine Feier mit einem Maskenzug statt. Gefeiert wurde die Veröffentlichung der Siebenten Folge der «Blätter für die Kunst». Kurz darauf erhielten einige der Bewohner Schwabings eine hektographierte Zeitung mit dem Titel: «Der Schwabinger Beobachter». Diese «Zeitung», einige zusammengeheftete Blätter, erhitzte die Gemüter. Ganz Schwabing interessierte besonders die Frage, wer diese respektlose Schrift in Umlauf gebracht hatte. Es musste jemand sein, der mit den Ideen der Kosmiker vertraut war.

Reventlow schrieb an Karl Wolfskehl: *Übrigens muß dieser Beobachter wohl ein trauriges Elaborat von Takt- und Geschmacklosigkeit gewesen sein, ich habe ihn leider nicht bekommen.*[233] Franziska zu Reventlows Autorschaft der ersten drei Ausgaben des «Schwabinger Beobachters» wurde erst später entdeckt. Sie selbst war diejenige, die das Blatt zusammen mit Franz Hessel und ab der zweiten Ausgabe mit Oscar A. H. Schmitz verfasste, vervielfältigte und verteilte. Rolf Reventlow erinnert sich gut an die Produktion in der Kaulbachstraße: «Da stand in der Veranda-Küche ein Abzugapparat. Mutter schrieb mit einem Kopierfarbband auf ihre alte Schreibmaschine, die noch Groß- und Kleinbuchstaben getrennt hatte, viele Seiten, die dann vervielfältigt wurden. Das war ein Mordsspaß.»[234]

Die Texte folgten dem Stil der «Blätter für die Kunst» und erschienen in Anlehnung an Georges eigenwillige Schreibweise in Kleinschreibung. Das Fest zum Erscheinen der «Siebenten Folge der Blätter für die Kunst» und der Maskenzug, bei dem Karl Wolfskehl feierliche Verse sprach, war das Thema der ersten Ausgabe des «Schwabinger Beobachters», die unter dem Motto «schwabinger cäsarenwoche» stand. Darüber hinaus wurden im ersten «Schwabinger Beobachter» die Veröffentlichungen aus dem George-Kreis persifliert, zum Beispiel das Jugendgedicht mit dem Titel «Fortunat. Vier Gesänge» des Literaturwissenschaftlers Friedrich Gundolf. In der Rubrik «Unter dem Strich» wurde durch «Anzeigen» auf die einzel-

Franziska zu Reventlow (sitzend) mit Schwabinger Freunden. Ganz rechts Bohdan von Suchocki, links daneben Roderich Huch mit Rolf Reventlow

nen Personen der Kosmiker angespielt. Ein gewisser Dr. Lamentates gab folgende Anzeige auf: «Wie / werde ich enorm? / reifen sie meinem bevorstehenden hauptwerk entgegen / lamentates.»[235] Damit waren Ludwig Klages und sein versprochenes, aber noch nicht veröffentlichtes Werk gemeint.

Die Anzeige, die auf Alfred Schuler rekurrierte, richtete sich gegen seine Vorstellungen über die «Blutleuchte» – unter diesem Begriff verstand er eine gesteigerte Seelensubstanz auserwählter Individuen: «gebrauchte blutleuchte / als ersatz für schabbeslampen gesucht / ablehnende postkarte genügt.»[236] Aber auch auf seine Homosexualität und sein Verhältnis zur Mutter wurde angesprochen: «ALFRED! kehre zurück! der arier ist besudelt. mama.»[237]

Die zweite Ausgabe des «Schwabinger Beobachters» bezog sich im Hauptteil auf Ludwig Derleths Werk «Proklamationen», das 1904 erschien und in dem Derleth einen Plan zur Gründung eines militant-christlichen Ordens entwickelte. Diese Ausgabe stand unter dem Motto: «warte schwabing, warte, dich holt jesus bonaparte». Der Bruch zwischen den Kosmikern und Ludwig Derleth wurde ironisiert, indem Weherufe auf die «Feinde» gesprochen wurden: «Wehe den enormen, denn wer sich selbst enormt, der wird belanglos werden, und die ersten werden die letzten sein. [...] Wehe den blättern, die da götter haben neben der katz, denn eh ich ihr den kopf zertrete, wird sie in eure verse stechen.»[238]

In der Rubrik «Unter dem Strich» wurde auch auf Franziska zu Reventlow selbst Bezug genommen: «O Ellen, warum warst du eine Ellen und warum bleiben deine buhlen immer Johnnies»[239] sowie die Frage aufgegriffen, wer denn nun der Verfasser des «Schwabinger Beobachters» sei: «ist der schwab. beob. wirklich von ...? und ...? und wo kann man die beiden in flagranti ertappen?/feuilles pour le chat.»[240]

Schauplatz des dritten «Beobachters» war die kosmische Wiese, Zeitpunkt die «Schwabinger Walpurgisnacht». In Anlehnung an Goethes «Faust» nahmen die Herausgeber das Schwabinger Geschehen aufs Korn. Die religionsphilosophischen Ansätze der Kosmiker wurden folgendermaßen persifliert: «Faust: Ist nun dieses Ritual/Heidnisch oder christlich?/Mephisto: Ach, es scheint mir dieses Mal/Eben nur jahvistisch.»[241] Und in Anbetracht der vielen Missstimmigkeiten heißt es in der Faust-Persiflage: «Wie war's in Schwabing doch vordem, für uns zu leben doch bequem [...]»[242].

Eine vierte Ausgabe ist noch erschienen, an der Reventlow, Hessel und Schmitz jedoch nicht beteiligt waren. Roderich Huch wandte sich mit einem vierten, stilistisch weniger brillanten «Schwabinger Beobachter» gegen Ludwig Klages. Nachdem diese Ausgabe erschienen war, wurde Roderich Huch zu nächtlicher Stunde auf der so genannten «kosmischen Wiese» von Klages' Freund Albrecht Hentschel aufgespürt und verprügelt. Huch hatte in seinem «Beobachter» behauptet, dass es nach langen Untersuchungen gelungen sei, die Abstammung des Seelenforschers Ludwig Klages festzustellen. Dabei habe sich herausgestellt, dass dessen ursprünglicher Name «Kageles» laute, womit bewiesen sei, dass Klages jüdischer Abstammung sei. Franziska zu Reventlow äußerste sich zu diesem «Schwabinger Beobachter» kritisch gegenüber Roderich Huch: *Wissen Sie, Rodi, gefallen hat mir der Beobachter auch nicht, wenn ich ehrlich sein soll […].*[243]

In der Kaulbachstrasse und auf Reisen (1904–1910)

Insgesamt wohnten Franziska zu Reventlow, Bohdan von Suchocki und Franz Hessel drei Jahre zusammen in der Kaulbachstraße. In dieser Zeit trafen sich dort die verschiedensten Künstler, Schriftsteller und Bohemiens, die sich in der leicht chaotischen Atmosphäre dieses Haushaltes wohl fühlten.

Die russische Künstlerin Marianne Werefkin und ihr Freund Alexeij Jawlenski, der einige Jahre später Mitglied des «Blauen Reiter» wurde, besuchten im Jahr 1904 Franziska zu Reventlow. Werefkin beschrieb den Eindruck, den das Haus und seine Bewohner auf sie machten: «Der Freund, ein polnischer Maler, dessen Mutter eine Prinzessin war und der die Hosen eines anderen trägt, weil er keine eigenen mehr hat, öffnet mir und begrüßt mich mit einem Handkuß. Durch den dunklen Hof, der auf den Garten stößt, kommen wir zum Eingang. Die früher hier gewohnt haben, sind einst reich gewesen. Alle Zimmer sind bis zur halben Höhe vertäfelt. Überall Glaslüster. Jetzt alles verwahrlost, modriger Geruch und eine geheimnisvolle Stimmung. Eine kleine Treppe führt nach oben. Ein leeres Zimmer nach dem anderen. Das hohe Alter der Wände wetteifert mit dem Alter der wenigen Gegenstände, die sie bergen. Endlich ein Zimmer, von dem man spürt, daß es bewohnt ist. Auf einem hohen Eisenbett liegt die so reizende Frau mit den Augen eines jungen Mädchens und mit ihrem vom Leben gezeichneten Gesicht. Entzückend in ihrem Bett, so zierlich, ganz Kind. Und in der jammervollen Umgebung Blumensträuße wie aus einer anderen Welt, die Welt der Illusionen, die Bescheid weiß über dieses aus seinen Bahnen geworfene Leben.»[244]

Das «Eckhaus» in der Kaulbachstraße

Franziska zu Reventlow in der Gemeinschaftsküche des «Eckhauses»

Die vielen Feste im «Eckhaus» wurden gern besucht. Diese ungezwungenen und unbekümmerten Zusammenkünfte wurden den Wolfskehl'schen Jours gegenübergestellt, die mit ernsthaften Lesungen und Vorträgen verbunden waren. Rolf Reventlow berichtet, dass während jener Feste im «Eckhaus» auf die Beschwerden der Nachbarn hin der «Polizeikommissär» gekommen sei und mit Franziska zu Reventlows «entwaffnendem Lächeln»[245], dem dieser sich nicht habe entziehen können, empfangen worden sei. Suchocki provozierte die Nachbarn auch noch dadurch, indem er an einem Abend «der Gaudi» wegen eine große Anzahl an Pferdedroschken bestellte.[246] Besuch war immer willkommen. Unangekündigt kamen Freunde und Bekannte vorbei, nutzten während der Faschingszeit die Möglichkeit, in der Kaulbachstraße vom Trubel auszuruhen oder dort zu übernachten.

Unproblematisch war das Zusammenleben der drei sehr unterschiedlichen Charaktere jedoch nicht. Die Ruhe, die Franziska zu Reventlow für sich und Rolf suchte und für ihre Malerei benötigte, fand sie in der Kaulbachstraße 63 nicht. Sie hatte gehofft, frei von materiellen Sorgen ihre Malerei intensiv fortzuführen und arbeiten zu können. Es traten indes immer wieder Unstimmigkeiten auf. Die Unzuverlässigkeit und Ungeduld ihres Geliebten Bohdan von Suchocki ärgerte Franziska zu Reventlow. Suchocki wiederum war nicht gewillt, ihre Flirtereien und kleinen Episoden mit anderen Männern zu dulden, was mitunter zu schweren Auseinandersetzungen führte.

Franziska zu Reventlow litt unter den Disharmonien. Nachdem sie sich wegen einer Lappalie über Suchocki geärgert hatte, konstatierte sie: *Bin viel zu verliebt in den Such – so, daß er mich unruhig macht. Traurig, wenn er nicht da ist und über jede Kleinigkeit, die mir an ihm nicht gefällt. Sein ganzes Wesen mit anderen Leuten, dies viele Anbiedern, joviale Intimität mit Gutsleuten, Bierbrauern etc. stört mich fortwährend – ich will ihn vornehm und reserviert haben. [...] Hätte ich ihn nicht so lieb, wäre es mir gleichgültiger – eine alte Geschichte.*[247] Die Beziehung zu Suchocki empfand sie manchmal als beengend; die Nähe veranlasste sie zu gereizten Bemerkungen. Franziska zu Reventlow konnte seine Eifersucht nicht ertragen, und sie hätte wie die Ich-Erzählerin in dem Roman *Von Paul zu Pedro* erklären können: *Auch habe ich nie das Verlangen gehabt, einen Menschen ganz zu «besitzen» oder ihn über Gebühr festzuhalten. Dazu ist das Leben zu kurz. Und wer mich festhalten wollte – es kam hier und da vor – ist niemals sehr zufrieden mit dem Erfolg gewesen. […] Ebensowenig gereicht es mir zur Freude, wenn man mich mit Eifersucht plagt, ich habe nie recht begriffen, warum die Menschheit diese unangenehmen Emotionen so kultiviert. – Treue ist vielleicht eine besondere Begabung, ein Talent. Wie kann man Talent von jemand verlangen, der es nicht hat? Aber ich meine, es läßt sich durch Takt und Diskretion ersetzen.*[248]

Nach den Tagebüchern zu urteilen, war Franziska zu Reventlow häufig über Bohdan von Suchocki erbost; die noch unveröffentlichten Briefe an ihn, die sich in der Monacensia der Münchener Stadtbibliothek befinden, zeugen jedoch von der tiefen Verbundenheit der beiden Liebenden.

Bohdan von Suchocki
im Faschingskostüm, 1903

Der Dritte im Bunde, Franz Hessel, war neun Jahre jünger als Franziska zu Reventlow und hatte kurz zuvor sein Abitur in Berlin absolviert. Er war ein Träumer und Beobachter. In seinem 1912 erschienenen Roman «Der Kramladen des Glücks» thematisierte er seine Erfahrungen in der Schwabinger Boheme. Darin gab Hessel seinem Protagonisten stark autobiographische Züge: «Ich wohne immer noch spukhaft in dem verlassenen Lebenskreise einer fremden Frau und habe wenig Verkehr mit Altersgenossen und Kameraden, Studenten. [...] Es gibt auch gar keinen Beruf, der mich lockt. Es hat nicht gerufen! Mit den Berufen geht es mir wie mit den Kirchen: Ich bin nirgends zugehörig und kann in jede einzelne hinein, aber ebensogut auch in die andere. Wissen möchte ich und leben. Aber das Leben ist immer das Andere, das Draußen. [...] Mein Zustand ist unrühmlich. Ich schäme mich, daß ich nicht bei mir selbst zu Hause bin und immer warte auf das Andere.» [249] Souverän und eigenständig war Franz Hessel zu dieser Zeit noch nicht. In einem Gedicht, das er Franziska zu Reventlow widmete, drückte Hessel die Hoffnung aus, von ihrer Lebenserfahrung zu profitieren. Gleichzeitig zeugt dieses Gedicht von seiner Beeinflussung durch den Stefan-George-Stil, dessen pathetische Ausdrucksweise er erst später in Paris und Berlin aufgab:

«Herrin gebiete deinen Starken Rast
Schon schwellen deiner Starken Schultern an
Des schwarzen Schiffes fahrtgewohnte Planken.
Gebiete: es verbleibe noch der Kiel
Auf meinem Eiland [...].» [250]

Gerade die unterwürfige Seite gefiel ihr an Hessel nicht, und während ihres Zusammenlebens in der Kaulbachstraße regte sich Franziska zu Reventlow oftmals über ihn auf und fühlte sich durch seine Gegenwart gestört – so lauten jedenfalls die Klagen in den Tagebüchern und Briefen. Später, nachdem die Hausgemeinschaft aufgelöst war, realisierte sie, dass ihr Zorn auf *Hesselfranz* vor allem auf ihre eigene Befindlichkeit zurückzuführen war und sie ungerecht über ihn geurteilt hatte.

Sie schrieb: *Es war nicht Hessel, der an mir gezerrt hat.*[251] Der Kontakt zwischen Franziska zu Reventlow und Franz Hessel hielt auch noch Jahre nach der Auflösung des Hauses in der Kaulbachstraße und war sehr herzlich. In den literarischen Werken zeichnete Franziska zu Reventlow durchaus liebevolle Porträts von Franz Hessel, wie zum Beispiel in *Herrn Dames Aufzeichnungen*: In der Figur Willy schilderte sie einen Menschen, der guten Willens ist, Kindern Geschichten vorliest und unglücklich Liebende zu trösten vermag.[252]

Nach einem knappen Jahr des Zusammenlebens in der Kaulbachstraße wurde Reventlow von Suchocki schwanger. Die Situation war eine gänzlich andere als zu der Zeit von Rolfs Geburt, wo sie allein für sich zu sorgen hatte. Die Reflexionen im Tagebuch, ob sie ein weiteres Kind bekommen sollte, lassen den Eindruck entstehen, als ob Reventlow Suchocki in ihre Überlegungen nicht einbezogen hat. Sie fragte sich: *Noch ein Kind? – Es lockt und schreckt mich abwechselnd, mein ganzes Leben wird verändert. Nicht mehr allein mit meiner Maus, und wird es auch ebenso zu mir gehören wie er? Gewünscht hab' ich's mir ja oft und denk's mir auch wieder so schön, wenn Bubi und ich es so zusammen haben und aufziehn.*[253]

Eine von Suchocki, Hessel und Reventlow geplante Reise nach Italien wurde trotz der Schwangerschaft nicht aufgeschoben; Reventlow war im sechsten Monat schwanger, als sie im Oktober 1904 nach Italien aufbrachen. Ihr gesundheitlicher Zustand war bedenklich – sie litt unter Kopfschmerzen, Unwohlsein und ständiger Müdigkeit. Mehr und mehr befürchtete sie Komplikationen. Ihre Ahnungen und Ängste formulierte sie in einem Brief an Karl Wolfskehl. Am 29. September 1904 schrieb sie ihm von Forte dei Marmi, wo sich die vier niedergelassen hatten, von den weiteren Plänen. Nicht nach Florenz, wie ursprünglich geplant, sondern nach Rom sollte die Weiterreise gehen, weil Reventlow in Rom eine bessere ärztliche Versorgung erwartete. Den italienkundigen Karl Wolfskehl bat sie um Ratschläge für ihren dortigen Aufenthalt.

Einen Tag nach diesem Schreiben erlitt Franziska zu Reventlow eine Fehlgeburt. Es waren Zwillinge; eines der Kinder

Am Strand von Forte dei Marmi, September 1904.
Ganz rechts Franz Hessel, daneben Rolf Reventlow

kam tot zur Welt, das andere Kind, das den Namen Sibylle erhielt, überlebte nur einen Tag.

Rolf Reventlow war zu diesem Zeitpunkt sieben Jahre alt und fasste die Ereignisse später in seiner Autobiographie so zusammen: «Es wäre ein wunderbarer Sommer gewesen, wenn nicht die Geburt der beiden Schwesterchen mich aus dem spielerisch-träumerischen Genießen gerissen hätte. Nachts hörte ich die Mutter schreien. Am Morgen sprach Such davon, daß es Zwillinge gewesen waren. Ein Mädchen kam schon tot auf die Welt, das andere Schwesterchen lag einen Tag lang in einem länglichen kleinen Handköfferchen, dessen Verschluß durch einige Holzstäbchen offen gehalten wurde. Es sollte Sibylle heißen. Mutter war schwach und verzweifelt, in Tränen aufgelöst. Sie hatte sich geschont und nicht mit einer Fehlgeburt gerechnet. Such war verbissen und deprimiert. Der Sommer verging.»[254]

Suchocki und Hessel kümmerten sich liebevoll um Franziska, die sehr unglücklich war und über den Tod der beiden Mädchen trauerte. Hessel packte zwei Wochen nach dem Tod der Zwillinge die Koffer; die anderen drei blieben noch eine Zeit lang in Forte dei Marmi, um sich zu erholen. Franziska zu Reventlows Stimmung war bedrückt: *Vormittags am Strand. Hohe Wellen. Alles blendet so, dabei kalter Wind, Kopfweh und traurig. Als ich zuletzt hier unten war, war alles noch anders. Heute ganz überwältigt von Traurigkeit und viel bitterer als auf dem Krankenlager. Möchte nur immerfort weinen, als ob ich einen Stein in der Kehle hätte, den ich wegweinen müßte.*[255]

Rolfs Gegenwart tröstete sie. In ihren Tagebüchern schrieb sie über die Gespräche, die sie mit ihrem Sohn über den Tod der Mädchen führte: *Bubi beim Waschen: «Ich glaube, in dir ist noch eine kleine Seele zurückgeblieben, und die kann wieder ein Baby werden.»*[256]

Anfang November 1904 wollte auch sie mit Suchocki und Rolf die Rückreise nach München antreten. Sie entschieden sich, nicht mit der Bahn zurückzufahren, sondern mit dem Rad. Franziska zu Reventlow war wieder so weit zu Kräften gekommen, dass diese Anstrengung unternommen werden konnte. Rolf hatte zu seinem siebten Geburtstag ein Rad geschenkt bekommen, eine Rückreise mit dem Fahrrad erschien ihnen daher reizvoll. Aber wie Rolf Reventlow bemerkte: «Weder Mutter noch ihr Freund Such hatten daran gedacht, daß Italien ein gebirgiges Land ist und daß man bei der Reiseroute Forte dei Marmi – Venedig auch die Apennin-Kette überwinden mußte.»[257]

Leicht wurde diese Rückreise nicht, die über Pisa, durch Lucca und Florenz, wo man die Uffizien besichtigte, über Ravenna und Venedig führte. Schließlich nahmen sie in Venedig den Zug nach München.

Franziska zu Reventlow in der Kaulbachstraße

Nach der Rückkehr hatte Reventlow immer wieder ein Bedürfnis nach Ruhe, suchte zeitweilig die Einsamkeit inmitten des Trubels und des Ärgers, der häufig aus finanziellen Schwierigkeiten resultierte. Die Hoffnung, in der Kaulbachstraße ein Auskommen durch Suchockis «Verdienste» und Hessels «Besitz» zu haben, erwies sich als trügerisch. Suchocki war nicht fleißig genug, um mit seinem Einkommen viel zum Lebensunterhalt beitragen zu können, und Hessel vernachlässigte seine finanziellen Verpflichtungen. Reventlow musste sich also doch immer wieder mit der Geldfrage beschäftigen und sich um Übersetzungen aus dem Französischen bemühen. Auch andere Ärgernisse verschlechterten die Atmosphäre im «Eckhaus»; Franz Hessel hatte zum Beispiel in Reventlows Abwesenheit Freundinnen in Franziskas Räumlichkeiten wohnen lassen, ohne dies mit ihr besprochen zu haben. Darüber war sie ausgesprochen erregt, weil Hessel die Regeln, die sie für ein Zusammenleben für nötig hielt, nicht eingehalten hatte.[258]

Einen Ruhepunkt in ihrem Leben hatte sie durch die Bekanntschaft mit dem Mediziner und Psychologen Hans Walter

Gruhle gefunden, den sie schon vor ihrer Italienreise kennen gelernt hatte. Er war ein verständnisvoller Zuhörer, der ihr durch seine Vertrauenswürdigkeit zu einem Freund wurde. Mit ihm konnte sie über ihre Gefühle, über die Trauer um den Verlust ihrer Kinder reden; Gruhle nahm in dieser Freundschaft ein wenig die Rolle eines Therapeuten ein.[259]

In der Zeit der Kaulbachstraße von 1903 bis 1906 schrieb Reventlow zwar Briefe und in ihren Tagebüchern, aber keine literarischen Texte. Sie übersetzte und nahm ihre Malversuche wieder intensiv auf. Das Malen war einerseits eine große Erfüllung, andererseits aber auch oft ein Grund für Verzweiflung, weil sie meinte, doch nicht das Talent zu haben, um sich in der gewünschten Weise künstlerisch auszudrücken. *Bubi in Blau auf blauem Sofa gemalt, erst ganz selig, weil ich glaubte, es würde etwas Fabelhaftes, meinte, endlich einmal die Gesichtstöne erwischt zu haben. Nachher sieht's doch wieder schmierig aus.*[260]

Im März 1905 reiste Reventlow zu ihrem schwer kranken Bruder Ludwig nach Berlin, der dort als Reichstagsabgeordneter lebte. Auch ihren Bruder Ernst, der später Karriere als Nationalsozialist machen sollte, traf sie in Berlin und stellte fest, dass das distanzierte Verhältnis aus der Kindheit anhielt und eine Annäherung zwischen ihnen nicht möglich war.

Ludwig hatte sich mehrmals bemüht, zwischen Tochter und Mutter zu vermitteln. Die Mutter, die Reventlow in ihren autobiographischen Texten als kalt und herzlos beschrieb, hatte sich immer wieder um Kontakt zu ihrer Tochter bemüht und Franziska einige größere Geldbeträge zukommen lassen.[261] Eine wirkliche Versöhnung fand jedoch nicht statt, und ein Wiedersehen zwischen Mutter und Tochter kam nicht mehr zustande – die Mutter starb im Herbst 1905.

Ludwig erlag im Mai 1906 seiner Krankheit. Die anderen Geschwister trafen an seinem Totenbett wieder zusammen, ohne dass sich Wesentliches zwischen ihnen veränderte. Lediglich die Schwester Agnes schrieb Franziska nach dem Tod von Ludwig einige Briefe und pflegte den Kontakt zur Schwester. Ludwigs Tod hatte Franziska sehr getroffen; sie zog sich für zwei Monate in die Einsamkeit nach Schloss Winkl zurück.

Reventlow beim Unterricht mit ihrem Sohn Rolf, 1905

Die Wohngemeinschaft löste sich nach ihrer Rückkehr von Schloss Winkl hauptsächlich aus finanziellen Gründen Ende Juni 1906 auf. Franz Hessel kehrte zunächst nach Berlin zurück, um von dort in seine neue Wahlheimat Paris aufzubrechen. Der Auszug aus der Kaulbachstraße fiel Reventlow und Suchocki nicht leicht; seufzend notierte Reventlow in ihrem Tagebuch: *Ach wir Heimatlosen.*[262] Sie wurde in der folgenden Zeit oft *Kaulbachwehmütig*[263].

Suchocki hatte den Plan, nach Mexiko auszuwandern. Reventlow liebäugelte mit dem Gedanken, ihn zu begleiten oder ihm später zu folgen. Es kam jedoch anders. Eine gemeinsame Freundin von Franziska zu Reventlow und Suchocki, Helene von Basch, die Reventlow gleich am Anfang ihres Münchener Aufenthalts kennen gelernt hatte, erwartete ein Kind, ohne verheiratet zu sein. Anders als Franziska zu Reventlow wagte Helene von Basch es jedoch nicht, ihrer Familie den Rücken zu kehren. Sie bat Suchocki – gegen ein Entgelt –, eine Scheinheirat einzugehen.

Mit dem Einverständnis von Franziska zu Reventlow ging Suchocki darauf ein. Als das Kind geboren war, erhob Basch plötzlich Unterhaltsansprüche für ihr Kind gegenüber Suchocki, der mit der Heirat auch das Kind adoptiert hatte und somit verpflichtet war, für den Unterhalt des Kindes aufzukommen.[264] Suchocki sah keine andere Möglichkeit, als die Flucht zu ergreifen, und reiste in die USA. Bevor er in Bremen das Schiff nach Amerika nahm, besuchte er noch die Malerin Ottilie Reyländer, die er auf der Italienreise mit Franziska zu Reventlow kennen gelernt hatte. Ottilie Reyländer und nicht Franziska zu Reventlow war es dann zwei Jahre später, die Suchocki in die USA und nach Mexiko folgte.[265]

Franziska zu Reventlow vermisste Suchocki. Zugleich waren ihre wirtschaftlichen Verhältnisse weiterhin von materieller Not geprägt. Die nächsten Jahre wurden rastlos; von einer Wohnung zog sie in die andere, immer wieder von Vermietern gezwungen, die Koffer zu packen. Siebenmal wechselte sie in den Jahren von 1906 bis 1910 die Wohnungen. Ihr gesundheitlicher Zustand verschlechterte sich. Im Sommer 1907 musste sie sich wieder im Krankenhaus Josephinum einer Operation unterziehen, von der sie sich nur langsam erholte. Franz Hessel kam zu einem Besuch aus Paris nach München, brachte seinen Freund Henri-Pierre Roché mit und stellte ihm seine Freundinnen vor: Luise Bücking und Franziska zu Reventlow. Roché verliebte sich in beide; Franziska zu Reventlow sah er als griechische Göttin, als Venus. Er war fasziniert von ihrer Persönlichkeit und nahm sich vor, einen Essay über sie zu

Franziska zu Reventlow, fotografiert von
Henri-Pierre Roché, 1908

schreiben und darin ihre Doppelrolle als Geliebte und Mutter hervorzuheben.[266] Sie schrieb weniger enthusiastisch: *April bis Mitte Mai die Franzl-Roché-Zeit – dann die Roché-Zeit, dazwischen große Krankheitsattacke […].*[267]

Mit Suchocki tauschte sie weiterhin Briefe aus und trat sein Erbe an. Als Kunstmaler hatte er Gläser mit altdeutschen Motiven bemalt und sie an einen Antiquitätenhändler verkauft, der diese Gläser als antike Kostbarkeiten handelte. Mit Suchockis Technik (einer Mischung von Emailfarben und Blattgold für die Ränder) und seinen Verbindungen zu den Händlern versuchte sie das Geschäft fortzuführen.

Sehr lukrativ wurde die Tätigkeit jedoch nicht. Der Antiquitätenhändler zahlte ihr nur einen minimalen Betrag, und Reventlow unternahm deshalb den Versuch, Werbung für ihre Gläser zu machen. Sie verschickte einen Prospekt mit der Abbildung ihrer Kunst: *Prospekt ist verschickt, einziges Resultat ein*

Auftrag durch Mohr.[268] Schließlich versuchte Reventlow ihr Glück bei den Passionsspielen in Oberammergau und malte «Landschaften von Oberammergau, das Theater, die rührendsten Szenen der Christusgeschichte und sonst welche frommen Dinge»[269] auf Gläser. Die Besucher der Passionsspiele gingen an ihrem Stand vorbei, ohne etwas zu kaufen, und der Regen in Oberammergau ruinierte die Glasmalerei. Erich Mühsam erinnert sich, dass Reventlow nach ihrer Rückkehr resigniert versucht habe, das unglückselige Geschäft der Glasmalerei auf den Grund des Kleinhesseloher Sees zu versenken, sie sei daran jedoch von einem Parkwächter gehindert worden.[270]

Den anarchistischen Schriftsteller Erich Mühsam hatte sie ungefähr 1906 im Café Stephanie, einer der wichtigen «Insti-

Prospektentwurf für Franziska zu Reventlows Glasmalerei

tutionen» in Schwabing, kennen gelernt. Erich Mühsam führte ein ähnlich abenteuerliches Bohemeleben wie Franziska zu Reventlow, war aber im Gegensatz zu ihr politisch tätig, und zwar in der anarchistischen Bewegung um Gustav Landauer. Reventlow äußerte sich nur selten über politische Ereignisse, ihrem Sohn Rolf erklärte sie Anarchismus auf folgende Weise: «Anarchisten, das seien nette Menschen […], die in Kaffeehäusern sitzen, andere anpumpen und das dann die Expropriation der Expropriateure nannten.»[271] Mühsam hatte wie viele andere Nonkonformisten Ascona entdeckt und schilderte die Erfahrungen, die er auf dem Monte Verità gemacht hatte, in einer kleinen, 1905 herausgegebenen Broschüre.[272] Ascona war zu dieser Zeit nicht irgendein idyllisch am Lago Maggiore gelegenes Schweizer Dörfchen, sondern das «Schwabing von Schwabing»[273], das die verschiedenen, nach einem freien Leben trachtenden Personen anzog.

Erich Mühsam (1878, Berlin – 1934 KZ Oranienburg) wuchs in Lübeck auf, zog nach Berlin und hielt sich in anarchistischen Kreisen auf. Als Lyriker, Essayist und Dramatiker forderte er mit scharfer Satire die Staatsgewalt heraus. Ab 1909 lebte er in München, veröffentlichte eine eigene Zeitschrift «Kain» und beteiligte sich 1919 an der Gründung der Münchner Räterepublik. Verurteilt zu 15 Jahren Festungshaft, wurde 1924 amnestiert. Am 10. Juli 1934 wurde er im KZ Oranienburg ermordet.

Über Erich Mühsam lernte Reventlow auch den Psychologen Otto Gross und den späteren Finanzminister der Bayrischen Räterepublik Edgar Jaffé kennen. Otto Gross wirkte in München als Assistent an der psychiatrischen Universitätsklinik. Er plädierte für eine freie Sexualität, für eine antiautoritäre Erziehung und für die Befreiung aus den Familien- und Berufsrollen einer patriarchalen Gesellschaft, denn er meinte, «daß in der Familie der Herd aller Autorität liegt, daß die Verbindung von Sexualität und Autorität, wie sie sich in der Familie mit dem noch geltenden Vaterrecht zeigt, jede Individualität in Ketten schlägt»[274].

In diesen Auffassungen waren sich Gross und Reventlow sehr ähnlich, einig wurden sie sich jedoch nicht über seinen Vorschlag, eine Psychoanalyse mit ihr durchzuführen. Sie

Otto Gross (1877, Gniebig, Steiermark – 1920, Berlin), Mediziner und Psychologe, verstand sich als Verteidiger der Freudschen Psychoanalyse, obwohl ihn die Wiener Psychoanalytische Gesellschaft wegen seiner exzentrischen Ansichten ausgeschlossen hatte. 1913 Verhaftung als Anarchist. Wurde auf Veranlassung seines Vaters Hans Gross, Professor der Kriminalistik, in eine psychiatrische Klinik eingewiesen. Internationale Pressekampagne für Otto Gross durch seine Freunde, vor allem Franz Jung und Erich Mühsam.

lehnte ab. Ein anderes Angebot lehnte sie ebenfalls ab: Edgar Jaffé hatte ihr bereits einige Male mit Geldbeträgen ausgeholfen und bot ihr an, seine Privatsekretärin zu werden.

Abgesehen von ihrem wirtschaftlichen Bankrott und den gesundheitlichen Problemen in den Jahren 1907 bis 1910 hatte sie ihre Lebensfreude, ja Lebensgier nicht verloren. Sie selbst nannte diese Zeit *das Zeitalter der Päule*[275]. Was sie damit meinte, wird deutlich, wenn man den Roman *Von Paul zu Pedro* aus dem Jahr 1912 heranzieht, in dem die Protagonistin ihrem Brieffreund erklärt: *Ja, Paul – Paul war in diesem Fall nur ein Sammelname. […] Paul ist eine Begebenheit, die immer von Zeit zu Zeit wiederkehrt. Nicht etwa, weil sie besonders tiefen Eindruck gemacht hätte – im Gegenteil, Paul ist immer etwas Lustiges, Belangloses, ohne Bedenken und ohne Konsequenzen. Aber er kommt immer wieder, wenn auch jedesmal in etwas veränderter Form und Gestalt. Paul kann alles mögliche sein, verheiratet oder Junggeselle, Leutnant, Ingenieur, junger Arzt, Afrikareisender – es kommt auch vor, daß er gar keinen Beruf hat. Manchmal ist er auch «drüben» geboren, dann nennt er sich Pedro und rollt das R – vorausgesetzt, daß der Vorname stimmt, was merkwürdigerweise oft, aber natürlich nicht immer der Fall ist. Man lernt ihn in Sommerfrischen, in Hotels und auf Reisen kennen; an einem festen Wohnsitz – nein, ich glaube kaum, höchstens wenn er sich vorübergehend dort aufhält. Zu Paul gehören immer Koffer und Kellner, irgendeine momentane und geräuschvolle Umgebung.*[276]

Dennoch wurde die Situation angesichts der drückenden Schulden immer schwieriger. Von den Honoraren, die sie für ihre Übersetzungen vom Langen Verlag erhielt, konnte sie ihren Lebensunterhalt nicht bestreiten. Im Herbst 1910 stand ihr Entschluss fest: sie wollte München verlassen und erinnerte

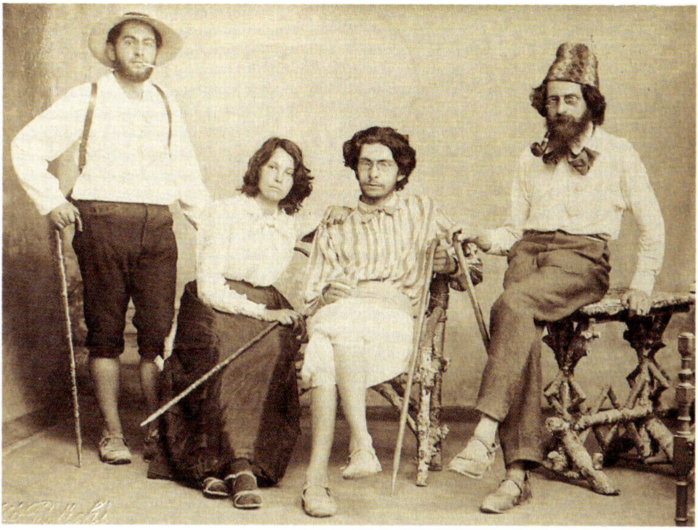

Erich Mühsam (rechts) auf dem Monte Veritá.
Er schickte das Foto als Postkarte Franziska zu Reventlow am 13. August 1907.

sich an die Erzählungen Erich Mühsams über Ascona. Um ihre Pläne verwirklichen zu können, war es vonnöten, sich von Rolf für einige Zeit zu trennen, was ihr und ihm ungeheuer schwer fiel. Freunde in Deutsch-Altenburg an der Donau nahmen Rolf 1910 auf, während Franziska zu Reventlow zunächst nach Berlin ging. Ihre Tagebücher enden vor dieser Reise mit der Frage: *Was wird aus uns beiden?*[277]

In Berlin erhielt sie die Nachricht, dass es möglich sei, für einige Wochen in Paris bei einer Kunstgewerbeausstellung als «Verkaufsdame» zu arbeiten.[278] Über Paris reiste sie schließlich in die Schweiz.

Auf dem Monte Verità

Scheinheirat und Erbschafts-angelegenheiten (1910 – 1914)

Ascona war zu dieser Zeit ein Anziehungspunkt für alle, die nach neuen Lebensformen suchten – Lebensformen, die mit der Rousseau'schen Idee «Zurück zur Natur» eine Alternative zu Kapitalismus und Kommunismus darstellen sollten. Eine Gruppe von gesellschaftsmüden, naturverbundenen Menschen um den belgischen Industriellensohn Henri Oedenkoven und seine Freundin Ida Hofmann, eine Pianistin, machte sich Ende 1899 auf den Weg nach Italien, um einen Ort zu finden, an dem sie ihre reformerischen Ideen umsetzen konnten. Sie kamen ins Tessin und waren von dem landschaftlichen Reiz so eingenommen, dass sie ihre Pläne hier verwirklichen wollten. Sie siedelten sich am Monte Monescia an, den sie schon bald umtauften und dem sie den Namen Monte Verità gaben. Dieser Name war Programm: er sollte diejenigen einladen, die ebenfalls nach der Wahrheit suchten.

Ziel war es, auf dem Berg der Wahrheit die Keimzelle eines ökonomisch wie kulturell autarken, auf Vernunft, Ethik und Humanität gegründeten Gemeinwesens zu konstituieren. Es zeigte sich aber bald, dass die Vorstellungen über die Verwirklichung des Programms unterschiedlich waren. Die pragmatischeren Vertreter der Gruppe wie Henri Oedenkoven und Ida Hofmann errichteten auf der Grundlage ihrer reformerischen Ideen eine Naturheilanstalt, in der sich im Jahre 1907 zum Beispiel Hermann Hesse einer Kur unterzog. Andere Mitglieder der Gruppe weigerten sich, Kompromisse einzugehen, und bestanden auf dem bedingungslosen Austritt aus der Zivilisation. Vertreter dieser Richtung war Karl Gräser, der für bargeldlosen Tauschhandel plädierte und die strenge Form des Vegetariertums, den Vegetabilismus, lebte, indem er alles, was vom Tier stammte, für den täglichen Gebrauch ablehnte.[279]

Lebensreformer auf dem Monte Verità: Rudolf von Laban mit Tanzschülern, 1913

Franziska zu Reventlow fühlte sich von diesen Projekten nicht besonders angesprochen. Ausschlaggebend für die Wahl, nach Ascona zu reisen, waren nicht das kulturelle Klima, nicht die Ideen der Lebensreformer und auch nicht die schöne Landschaft[280] – sie führte ein anderer Plan nach Ascona.

Erich Mühsam hatte bei seinem Aufenthalt in Ascona im Jahre 1904 einen Freund gefunden, den er auch in seiner Broschüre über Ascona erwähnte: den baltischen Baron Alexander von Rechenberg-Linten. «Da er meist ein wenig wankend mit unermüdlicher Geschäftigkeit von Kneipe zu Kneipe trabt»[281], wie Erich Mühsam schrieb, galt Rechenberg-Linten als Antipode zu den auf gesunde Lebensführung bedachten Bewohnern des Monte Verità.

Rechenberg-Linten lebte schon einige Jahre in Ascona und war trotz seiner Trunksucht im Ort recht beliebt. Seine Schulden, die sich zu beträchtlichen Summen anhäuften, wurden ein- oder zweimal im Jahr von seinem Vater beglichen. Rechenberg konnte deshalb relativ unbeschwert in Ascona leben. Nur die passende Ehefrau fehlte, die einen Adelstitel führen und daher die Wogen zwischen Vater und Sohn glätten sollte. Rechenbergs Vater – schon sehr alt – erwartete von seinem Sohn einen angemessenen Lebenswandel, sonst drohte er ihn zu enterben.

Alexander von Rechenberg-Linten war also auf der Suche nach einer Ehefrau, um sich gegenüber seiner Familie zu rehabilitieren. Seine große Liebe galt einer italienischen Waschfrau, die er jedoch nicht heiraten konnte, da sie den Vorstellungen des Vaters von einer angemessenen Verbindung nicht entsprach und überdies verheiratet war. Erich Mühsam erzählte Reventlow von der Möglichkeit, Rechenberg-Linten zu heiraten, um damit ihre finanzielle Misere ein für alle Mal zu beseitigen. Reventlow habe lakonisch reagiert, so Mühsam, und gemeint: «Rechenberg ist ganz praktisch. Da brauche ich ja nicht einmal die Monogramme in den Taschentüchern umzusticken.»[282] Sie entschloss sich, das Wagnis einer Scheinheirat einzugehen.

Da war der baltische Baron ein anderer Kerl: in der schwersten Betrunkenheit noch Edelmann und gegen seine Waschfrau ein Kavalier. Wenn er, bei Hofe erzogen, jetzt, auf der Chaussee torkelnd, eine Dame traf, riß er sich im Augenblick zusammen, blieb stehen,machte Front, und verbeugte sich auf eine bezaubernd altertümliche Art, worauf er die Dame aus verglasten Augen anstarrte.

Emil Ludwig

Franziska zu Reventlow freute sich besonders über die Aussicht, in Ascona wieder mit ihrem Sohn zusammen sein zu können, den sie in Berlin und in Paris sehr vermisst hatte. Im Oktober 1910 trafen sie in Ascona ein. Dort wohnten sie zunächst in einer nicht sehr behaglichen Wohnung; bald aber entdeckte Franziska zu Reventlow einen alten Vogelsteller-Turm, den Roccolo, den sie ab März 1911 mietete. *Ich habe eine sehr schöne Kombination gefunden, einen alten Turm, d. h. ein Gebäude mit 3 kleinen Räumen übereinander, die durch Leiter und Luke verbunden sind, drum herum große Lorbeerbüsche und Weinberge, ganz allein, und ein möbliertes Zimmer ca. 4 Minuten davon. Dort wird man schlafen und tagsüber im Turm hausen. Im untern Raum wird gekocht, im mittleren arbeite ich, und im oberen treibt Bu-*

bi sein Wesen.[283] Den großen Steintisch vor dem Turm benutzte sie als Schreibtisch.

Franziska zu Reventlow lernte Frieda Gross und Ernst Frick kennen. Ernst Frick übte, bevor er nach Ascona ging, den Beruf des Metallgießers aus, hatte in der Gewerkschaft mitgewirkt und Kontakte zu verschiedenen anarchistischen Kreisen; später wandte er sich der Malerei und der Bildhauerei zu. Über Erich Mühsam und Otto Gross hatte er dessen Ehefrau Frieda Gross kennen gelernt. Otto und Frieda Gross hatten sich auseinander gelebt, und Frieda Gross lebte mit ihren Kindern seit 1909 mit Ernst Frick in Ascona. Sie wurden gute Freunde

Alexander von Rechenberg-Linten

von Franziska zu Reventlow. Die Psychoanalyse und die Theorie Sigmund Freuds standen im Mittelpunkt ihrer Gespräche.

Ernst Frick leitete schließlich die Bekanntschaft mit Alexander von Rechenberg-Linten ein. Ihren Eindruck von Rechenberg-Linten beschrieb Franziska zu Reventlow in einem Brief an Franz Hessel: *Es ist ein Seeräuber. Wettergebräunt, angezogen wie ein russischer Matrose oder ähnliches. Reithose und russische Bluse, versoffen und tatsächlich ganz taub. Man verständigt sich nur schriftlich oder brüllt einzelne Worte. – Aber ein netter Kerl, anständiger Charakter, chevaleresk, was bei diesem Aufzug sehr komisch wirkt, ziemlich verrückt, hat Angst vor Frauen, weil er fürchtet, sie möchten ihm den Kopf abreißen, und vergewaltigt sie dann aus Angst. (Dies aus Erzählungen, nicht aus eigener Erfahrung.) Sehr primitiv, sein Traum ist, in Sibirien wieder Goldwäscher zu sein. So Sachen hat er in seiner Jugend getan.*[284]

Das groteske Aussehen des auch fortan von Reventlow als *Seeräuber* bezeichneten baltischen Barons verschärfte sich bei Regenwetter noch durch einen riesengroßen, grellroten Bauernschirm.[285] Rechenberg-Linten war ihr trotz seines Aussehens und seines Temperaments durchaus sympathisch. Auch in Beschreibungen von Erich Mühsam und Emil Ludwig erscheint Alexander von Rechenberg-Linten als liebenswerte Persönlichkeit.

Damit konnte die operettenhaft anmutende Farce beginnen. Erster Akt: die Hochzeit. Alexander Baron von Rechenberg-Linten senior, ehemals Kaiserlich-Russischer Gesandter in Madrid, reiste Anfang 1911 nach Ascona und wollte natürlich gleich seine zukünftige Schwiegertochter kennen lernen. Die Enttäuschung über den unglückseligen Lebenslauf Alexanders war für den Vater nur schwer erträglich, und er setzte deshalb seine Hoffnung auf eine Schwiegertochter. Sie sollte seinen Sohn vom Alkoholismus heilen und ihn von der Notwendigkeit einer standesgemäßen Lebensweise überzeugen. Über diese Begegnung schrieb Reventlow: *Es war schlimmer wie zum Zahnarzt gehen, lief aber glänzend ab, die Sache wurde ihm als ernste Neigung mit Tendenz zum guten Engel dargestellt, und er erteilte seinen Segen. Da saß man mit seiner schwarzen Seele und ant-*

wortete ausweichend auf verfängliche Fragen, z. B. ob ich Vermögen habe und wovon wir gedächten, einen Haushalt zu gründen.[286]

Die Hochzeit konnte im Juni 1911 stattfinden. Mit Ernst Frick und Frieda Gross als Trauzeugen wurde die Trauung vom Bürgermeister von Rocca bei Ascona vorgenommen. Ein richtiger Bürokrat war dieser nicht, kam er doch für die Trauung direkt vom Feld, mit der Sichel in der Hand. Mit den Papieren fand er sich kaum zurecht und brachte die vielen ausländischen Namen durcheinander. Nach der Zeremonie wurde in einem einfachen Gasthaus gefeiert; Rechenberg lud die anderen Gäste, einfache italienische Bauarbeiter, zu einem Hochzeitsessen ein.

Zur kirchlichen Trauung erschienen der Schwiegervater und Rechenbergs Geschwister, eine Schwester und ein Bruder. Die Zeremonie fand in der kleinen protestantischen Kirche in Rocca statt, denn nur eine durch die Kirche geschlossene Trauung war für den baltischen Baron rechtsgültig. Aber quel faux pas: Schwiegervater und Schwester standen in feierlichem Schwarz vor der Kirche, während Alexander von Rechenberg in seinem «Seeräuberkostüm» erschien und die anderen Hochzeitsgäste nebst Braut in hellen Sommerkleidern auftraten und sich eher den Anschein gaben, zu einem Tennisspiel aufzubrechen. Der Bräutigam hatte den Pastor vor der Hochzeit aufgefordert, unbedingt eine nur kurze Predigt zu halten, da sonst die Gefahr bestünde, dass die Braut lauthals lachen müsse. Der Schwiegervater hingegen drückte dem Geistlichen hundert Schweizer Franken in die Hand mit der Bitte, eine schöne Predigt zu halten. Tatsächlich musste sich die Braut zusammenreißen, um die feierlichen Worte nicht durch albernes Kichern zu untermalen, denn: *Es kamen bedenkliche Stellen vor: Herr, Du wolltest ihnen beistehen in all ihren rechtmäßigen Geschäften – und ich sollte von allem Schweren, was das Leben bringt, an seiner treuen Brust ausruhen.*[287]

Mit dieser Zeremonie wurde die Gräfin Franziska zu Reventlow zur Baronin von Rechenberg-Linten mit russischer Staatsangehörigkeit.

Das Erbe war erst nach dem Tod des Schwiegervaters zu

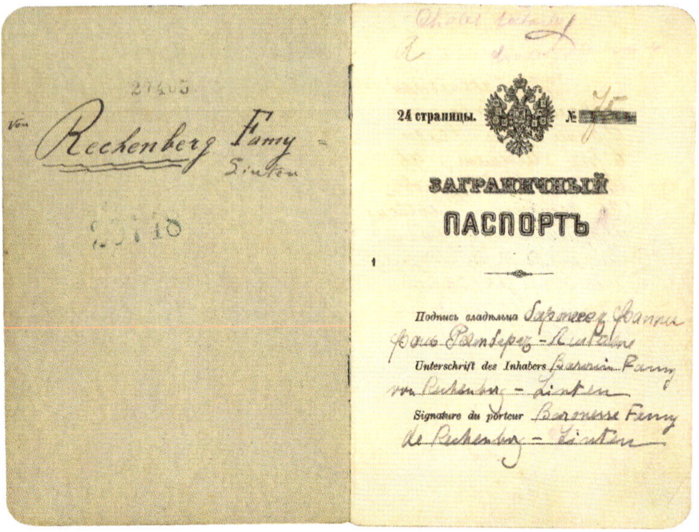

Russischer Pass der Baronin Fanny von Rechenberg-Linten

erwarten, deshalb setzte Franziska zu Reventlow ihre Übersetzungstätigkeit für den Albert Langen Verlag auch nach der Hochzeit fort. Sie begann wieder mit eigenen literarischen Arbeiten für den «Simplicissimus» und bot anderen Zeitschriften wie der «Jugend» Texte zur Veröffentlichung an. Sie war eine Schriftstellerin, auch wenn sie sich weiterhin reserviert gegenüber dieser Berufsbezeichnung äußerte: *Beruf ist etwas, woran man stirbt. […] es hat so viel peinlichen Beigeschmack – eine schreibende Frau – schrecklich. Denken Sie nur, alle Leute, die man nicht kennt, taxieren einen auf geistige Interessen und dergleichen. Sonst hätte es vielleicht etwas für sich: man brauchte nur eine Füllfeder und einen guten Diwan – nein, ich müßte auch einen Kompagnon haben, sonst wäre es doch wieder langweilig und anstrengend.*[288]

Diese Zeilen sind ihrem zweiten Roman *Von Paul zu Pedro* entnommen, mit dem sie gleich nach ihrer Ankunft in Ascona Ende 1910 begonnen hatte. Auch dieser Roman enthält deutlich autobiographische Reminiszenzen, wenngleich auf eine andere Weise als *Ellen Olestjerne*. Reventlow ging erneut von ihrer eigenen Lebensgeschichte aus, aber mit einer anderen Akzentuierung. Sie entwickelte eine Schreibweise, die das eigene Leben parodierend und ironisierend thematisiert.

Der ursprüngliche Titel der Amouresken *Von Paul zu Pedro*, die 1912 bei Albert Langen erschienen sind, lautete *Teegespräche*, wie sie an Franz Hessel am 9. Dezember 1910 schrieb: *Ich glaube, ich werde die Briefe an Franzl zwar an Franzl schreiben, aber sie dann in «Teegespräche» umtaufen. Was meinen Sie?*[289]

Die Protagonistin richtet ihre Briefe an einen verständnisvollen und ratgebenden, manchmal auch widersprechenden Freund, mit dem sie in spöttisch leichtem Tonfall über Liebe, Erotik und Liebhaber sinniert. Sie zeichnet sich durch Geist, Vornehmheit und Anmut aus, und Reventlow verweist mit diesen Attributen und der Art und Weise, wie die Protagonistin Erotik thematisiert, auf Aspasia, die berühmte Hetäre aus Milet. Mit dem ironischen Plauderton der Protagonistin parodiert Reventlow die Hetären des klassischen Griechenlands. Die Hetären waren – nicht nur im Kosmikerkreis – ein beliebtes Thema, wie es zum Beispiel in der Übersetzung der Hetärenbriefe von Lukian durch Franz Blei zum Ausdruck kommt.

Die Heldin stellt verschiedene Männertypen vor: Neben *Paul* stellt sie den Typ *Retter*, der von der einzigen und wahren Liebe überzeugt ist, den Schurken, der als braver Familienvater für seine plötzliche Verliebtheit sein bürgerliches Leben aufgeben will, den *fremden Mann*, der immer auf Distanz bleibt, und natürlich *Pedro*, den temperamentvollen, kompromisslosen Liebhaber. Daneben gibt es den Typ *elegante Begleitdogge*, mit dem man besonders gut in der Gesellschaft repräsentieren und Eindruck machen kann, die *Dichterliebe* sowie die *Konversationsliebe*, die eine Freundschaft mit zeitweiliger Verliebtheit ohne einen Hauch von Tragik darstellt.

Der Umgang der Ich-Erzählerin mit den von ihr karikierten Männern setzt einen Begriff von Erotik voraus, der an die «Episodenliebe» des Impressionismus erinnert[290]: *«Man» tut doch schließlich in erster Linie, was einen freut, und weil es einen freut. Und das ist natürlich jedesmal etwas anderes. Es kann wohl manchmal Liebe und «große Leidenschaft» sein, aber ein andermal – viele, viele andere Male ist es nur Pläsier, Abenteuer, Situation, Höf-*

lichkeit – Moment – Langeweile und alles mögliche. Jede einzelne Spielart hat ihre besonderen Reize, und das Ensemble aller dieser Reize dürfte man wohl Erotik nennen.[291]

Solche spöttisch-desillusionierte Sichtweise macht den Blick frei für die durch unterschiedliche Charaktere und Temperamente bedingten und auf unterschiedliche Ideologien gestützten Liebeskonzepte. Eine bürgerliche Ehe, die für die Hauptfigur mit Engherzigkeit, Intoleranz und zu großer Nähe verbunden ist, kann die Erzählerin sich nicht vorstellen:

Höchstens eine Distanzehe mit sehr viel Geld, so daß jeder seinen eigenen Flügel bewohnte, seinen eigenen Train und seinen Verkehr für sich hätte. Zu den Mahlzeiten träfe man sich in großer Toilette und mit vielem Zeremoniell, will er mich außerdem noch sehen, so läßt er sich durch seinen Kammerdiener melden: Der gnädige Herr läßt fragen, ob sein Besuch heute abend angenehm wäre? – Der gnädige Herr ist immer willkommen.

Habe ich Gäste, die sich für ihn eignen, so lade ich ihn ein. Seine Stellung als Hausherr wird dann natürlich betont, er dürfte nie kompromittiert werden – kompromittierter Ehemann ist geschmacklos und unmöglich. Und hat er Besuch, so mach ich auf Wunsch in seinen Räumen die Honneurs. Das wäre die einzige Möglichkeit, auf die ich heiraten möchte – […].[292]

Reventlow macht aber auch auf die Defizite der libertären Lebensweise ihrer Protagonistin aufmerksam, auf die Heimatlosigkeit: *[…] – seit ich aus meinem wertvollen alten Familienrahmen entfernt wurde, hat mir wohl keiner mehr gepaßt. Mancher war recht gut, mancher wieder sehr mittelmäßig, und es gab auch Zeiten, wo das Bild nur mit Reißnägeln an die Wand geheftet war.*[293]

Veröffentlicht wurde der Roman bei Albert Langen im Jahr 1912. Dort erschien auch ihr nächster Roman *Herrn Dames Aufzeichnungen oder Aufzeichnungen aus einem merkwürdigen Stadtteil*, ihre Abrechnung mit der Zeit der Schwabinger Jahre. Begonnen hatte sie das *Dame*-Buch im Januar 1912 kurz vor einer Reise nach Rom, die sie mit Rolf unternahm. Beendet wurden *Herrn Dames Aufzeichnungen* bereits im September 1912. Bei der Arbeit an diesem Werk korrespondierte Reventlow lebhaft mit dem Philosophen Paul Stern, von dem sie sich Ratschläge für die angemessene Darstellung der Theoreme und Ideologien der Kosmiker holte. Ihn bat sie mehrfach um Erklärungen über schwarze und weiße Magie, über die Einstellung des Kosmiker-Kreises zum Mythos und diskutierte auf brieflichem Weg mit ihm über die Plausibilität ihrer Darstellung.

Auch wenn sie die Kosmikerideen und das Pathos des Männerbundes ironisch darstellte und aus ihrer Abneigung gegen esoterische Ideologien keinen Hehl machte, ging es ihr nicht um eine Verunglimpfung der einzelnen Personen. An Paul Stern schrieb sie Ende Juli 1912: *Noch ein Bedenken – nämlich die Hanna [Wolfskehl] zu arg mitzunehmen, für uns hat es natürlich mehr Reiz, wenn sie die ganz schlimmen Blödheiten sagt, aber für den gebildeten Laien, der es liest, kommt das persönlich Komische doch nicht so heraus […].*[294] Sie stellte Paul Stern die Frage, ob sie die *kompromittierenden Dummheiten*[295] nicht einer anderen Person in den Mund legen sollte. Stern selbst stellte sie in der Figur des Professor Sendt dar. Auch die meisten anderen Figuren sind leicht zu entschlüsseln.

Bei der Figur des Herrn Dame hingegen gibt es keine eindeutige Zuschreibung. An Franz Hessel schrieb sie am 12. Juni 1912: *Herr Dame ist so eine Art Begleitdogge, die nach Schwabing kommt, fortwährend «verurteilt» wird und eine Biographie hat. Sie sehen, wie ich Sie ausschlachte.*[296] Die Figur trägt aber auch Züge des Mediziners und Psychologen H. W. Gruhle, sodass von einer Schlüsselfigur nicht die Rede sein kann.[297]

Der Roman wurde vom Langen Verlag sogleich angenommen und stellt sich damit in die Reihe von literarischen Werken über die Blütezeit Schwabings. Franz Hessel veröffentlichte 1912 seinen Roman «Der Kramladen des Glücks» und Oscar A. H. Schmitz ein Jahr darauf seinen Roman «Wenn wir Frauen erwachen», der in der zweiten Auflage unter dem Titel «Bürgerliche Bohème» erschien. Über den Roman von Schmitz äußerte sich Reventlow in einem Brief an Paul Stern: *Also Schmitz ist schon heraus – es ist ein unerhörtes Machwerk und auch als Buch so schlecht, wie ich es S. gar nicht zugetraut hätte.*[298] In der Beschreibung der Zeitstimmung empfand sie ihren Roman als treffender und wahrhaftiger.

Ascona, um 1910

Der Bekanntenkreis von Franziska zu Reventlow war in Ascona kleiner als in den Münchener Jahren. Ihre Freunde Frieda Gross und Ernst Frick waren im Jahr 1911 in Gerichtsprozesse involviert. Ernst Frick wurde anarchistischer Umtriebe bezichtigt. Ihm wurde vorgeworfen, im Jahr 1907 den Versuch unternommen zu haben, einen russischen Staatsangehörigen aus dem Gewahrsam der Kantonspolizei zu befreien, sowie im Jahr darauf eine Straßenbahnentgleisung vorsätzlich herbeigeführt zu haben. Dafür musste er ein Jahr Gefängnisstrafe verbüßen.[299]

Frieda Gross wurde von ihrem Schwiegervater Hans Gross angeklagt. Grund dieses Prozesses war ihr Sohn Peter, den Hans Gross nicht in der Obhut seiner Mutter lassen wollte. Trotz des Einverständnisses von Otto Gross, dass der Sohn von Frieda Gross erzogen werden sollte, wollte der Großvater das Sorgerecht für seinen Enkelsohn erwirken.

Bei einer dieser Gerichtsverhandlungen lernte Franziska zu Reventlow den aus Locarno stammenden Rechtsanwalt Mario Respini-Orelli kennen. Mit ihm ging sie eine dauerhafte und unkomplizierte Liebesbeziehung ein.

Zu den näheren Freunden zählten die «Ludwigs», Elga und Emil. Emil Ludwig, gebürtig aus einer gehobenen jüdischen bürgerlichen Familie aus Breslau, begann nach seinem Studium der Rechtswissenschaft und der Geschichte zu schreiben. Er verfasste Gedichte, die er gern im Kreise seiner Freunde vortrug, und war Mitarbeiter des «Berliner Tageblatts». 1906 war er mit seiner Frau Elga nach Ascona gezogen. Später, in den zwanziger Jahren, schrieb Emil Ludwig historische Romane über Persönlichkeiten wie Goethe, Rembrandt oder Napoleon. Franziska zu Reventlow machte sich derweilen über ihn lustig, indem sie sein exaltiertes euphorisches Wesen als «bengalisch»[300] bezeichnete.

Ob ein reger Kontakt zu den Bewohnern des Monte Verità bestand, ist fraglich, wenngleich Franziska zu Reventlow vermutlich Bekannte hatte, die sich mit den Ideen des Projektes identifizierten. Ein in Ascona veröffentlichter Lyrikband von einem unbekannten Dichter wurde «F v R., meinem lieben Prinzeßlein» zugeeignet. Robert Landmann vermutet deshalb, dass sie «der Schwarm der idealen jungen Naturmenschen»[301] war. Franziska zu Reventlow stand den Wahrheitssuchern eher skeptisch gegenüber – vermutlich bewirkten ihre Münchener Erfahrungen und ihr ausgeprägter Freiheitssinn, dass sie an glücksversprechenden Heilslehren zweifelte. Enge Kontakte zu den ihr unsympathischen *Vegetariern mit langen Locken*[302] hatte sie nicht.

Die Vegetarier-Hymne von Erich Mühsam «Wir essen Salat, wir essen Salat, / Und essen Gemüse früh und spat. / Auch Früchte gehören zu unserer Diät. / Was sonst noch wächst, wird alles verschmäht. [...] Wir sonnen den Leib, ja wir sonnen den Leib, / Das ist unser einziger Zeitvertreib. Und manchmal spaddeln wir auch im Teich [...]»[303] fand Franziska zu Reventlow sicherlich anregender als eine der Broschüren des Monte-Verità-Projekts über ein Thema wie «Worin der Vegetabilismus besteht und wie die Kur wirkt»[304].

Rechenberg-Linten, der *Seeräuber*, besuchte Reventlow regelmäßig – immer chevaleresk – mit kleinen Geschenken wie Tee und Zigaretten. Der Schwiegervater hatte indes nach der

Hochzeit Verdacht geschöpft, dass mit dieser Ehe wohl nicht alles in Ordnung sein könnte, nachdem er Franziska zu Reventlow einmal besucht und seinen Sohn nicht bei ihr vorgefunden hatte.

Franziska zu Reventlow hatte Fernweh und nahm, da sich in der Erbschaftsangelegenheit keine Veränderungen ergaben, die Einladung ihres Vetters Viktor von Levetzow an. Ihr Cousin bewohnte in Mallorca ein größeres Haus und lud Franziska ein, ihn zusammen mit ihrem Sohn zu besuchen. Sie nahm die Einladung nach Abschluss ihres Romans an, schließlich konnte sie die fällige Übersetzungsarbeit (diesmal ein Kochbuch von Alexandre Dumas) auch auf Mallorca machen. Die Überfahrt nach Mallorca im Oktober 1912 erwies sich als abenteuerlich – man reiste auf einem Frachtdampfer zusammen mit gut zwanzig Kühen, die im Gegensatz zu Franziska und Rolf Reventlow die Seefahrt gar nicht vertragen konnten.

Der Vetter Viktor von Levetzow erwies sich bald als unangenehmer Zeitgenosse mit sonderbaren Vorlieben. Franziska zu Reventlow fühlte sich in seiner Gegenwart nicht wohl. *Einstweilen fällt er mir noch auf die Nerven und schaut so aus, daß ich eine Art Quarantäne habe, d. h. ich spiele krank und flüchte mich auf mein Bett, um nicht mit ihm auszugehen und allein zu sein. Und denke derweil nach, wie ich wieder entrinnen kann.*[305]

Als er mit sehr zweifelhaften Angeboten an sie herantrat – er spielte auf ihren Ruf als libertäre «Lebedame» an –, entschied sie sich, wieder nach Ascona zurückzukehren. Ihre eindeutige Ablehnung veranlasste ihn jedoch zu der Versicherung, sie könne selbstverständlich weiterhin sein Haus benutzen, er würde Mallorca verlassen und nach Deutschland reisen. Diese erfreuliche Wendung bedeutete für Franziska und Rolf eine unbeschwerte Zeit im Haus des Vetters. Sie befreundeten sich mit dem Bremer Maler Schünemann und mit dem Leiter des staatlichen Tiefseeforschungsinstituts Francesco Galan. Für Rolf war besonders die Bekanntschaft mit Francesco Galan interessant, der ihm Einblick in seine Arbeit verschaffte und ihn bei den Ausfahrten aufs Meer mitnahm.

1913 kam dann die von Franziska zu Reventlow ersehnte

Mit dem Sohn Rolf, Francesco Galan und dem Maler Schünemann auf Mallorca

Nachricht vom Tod des Schwiegervaters. Der zweite Akt der operettenhaft anmutenden Farce begann mit einem Telegramm von Alexander von Rechenberg-Linten, in dem er den Tod des Vaters mitteilte. Rolf Reventlow, den er von Anfang an besonders ins Herz geschlossen hatte, sollte zu ihm nach Zürich kommen, wo sich die Familie versammelt hatte. Mutig machte sich der Fünfzehnjährige allein auf den Weg durch Frankreich nach Zürich. Dort erfuhr er, dass die Testamentseröffnung in Mitau erfolgt war. Rechenberg-Linten senior hatte den Schwindel mit der Scheinehe entdeckt und seinen Sohn auf das gesetzlich vorgeschriebene Pflichtteil herabgesetzt.

Mit dieser Nachricht und mit Ratschlägen von Frieda Gross und Ernst Frick versehen, kehrte Rolf zu seiner Mutter nach Palma de Mallorca zurück. Franziska zu Reventlow entschied sich, wieder nach Ascona zu reisen, um dort die Testamentsabwicklung abzuwarten. Schließlich hatte sie nun auch auf Mallorca mit finanziellen Engpässen zu kämpfen; in Ascona hingegen, so bemerkte Rolf Reventlow, hatte man «wenigstens Kredit»[306].

Nach der Rückkehr nahmen Mutter und Sohn eine neue Wohnung am Ende der Promenade in Ascona. Wie in München zog Franziska zu Reventlow auch in Ascona häufiger um, wenngleich sie dort durch den Vogelstellerturm, den Roccolo, eine konstante Bleibe hatte, zu der sie sich täglich für die Übersetzungen und die literarische Arbeit begab. Rolf, der mittlerweile eine Ausbildung bei dem ortsansässigen Fotografen Samuele Pisoni begonnen hatte, pflegte den Kontakt zu Alexander von Rechenberg-Linten. Eines Tages kam Rechenberg-Linten zu Franziska zu Reventlow und teilte mit, dass der Erbschaftsvertrag bei der «Credito Ticinese» in Aussicht gestellt sei. Er sähe sich außerstande, die Verhandlungen mit den Bankmenschen – allesamt Verbrecher in seinen Augen – zu führen, und Franziska sei schließlich mit der Hälfte der Erbschaft beteiligt und möge ihn begleiten. Das Geld – Rolf Reventlow nennt in seinen Erinnerungen die Summe von 50000 Franken – sei ihm nicht als Bargeld vererbt worden, sondern in Form von Aktien der Eisenbahngesellschaft Moskau – Kiew – Woronesch. Der Direktor der Credito Ticinese riet dazu, die Aktien zu verkaufen und sich das Geld nach Locarno überweisen zu lassen. Dies wurde sofort telegraphisch veranlasst, und Alexander von Rechenberg-Linten und Franziska zu Reventlow erhielten beide einen Kreditbrief in Höhe von 10000 Franken; der Rest des Geldes sollte ihnen nach dem Eintreffen in Locarno ausgezahlt werden. Franziska zu Reventlow beglich zunächst ihre Schulden in Ascona.

Nun sollte ein lang gehegter Wunsch in Erfüllung gehen. Mit einem Erste-Klasse-Billett reisten Franziska zu Reventlow und Rolf nach Palma de Mallorca. Dort lud Franziska zu Reventlow den Maler Schünemann aus Dank für seine Hilfe bei ihrem vorangegangenen Aufenthalt zu einem Besuch ins Spielcasino Monte Carlo ein. Davon träumte sie schon lange. In ihrem Roman *Der Geldkomplex* lässt sie die Protagonistin über das Glücksspiel räsonnieren: *Hier bin ich vollkommen und wunschlos glücklich, Maria, mir ist, als hätte ich die Heimat gefunden und alles, was dazugehört. Man wohnt nicht, man ist im Hotel, und am Spieltisch gibt es keine Vergangenheit, keine Zukunft und kei-*

ne Gegenwart mehr, keine Spannungen und keine Gedanken. Denn ich muß bemerken, das Jeu hat für mich nichts Aufregendes, es wirkt im Gegenteil beruhigend, man sieht nur Geld, hört nur Geld, fühlt nur Geld, und das ist gerade das, was mir nottat. Einmal gehört es mir, einmal nicht, es rollt fort, schiebt sich wieder vor mich hin – es

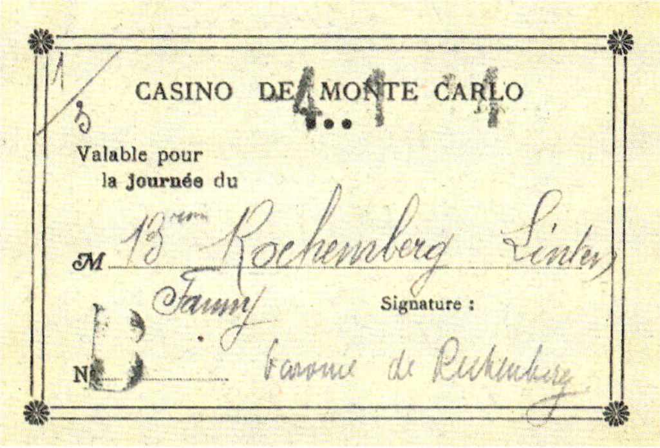
CASINO DE MONTE CARLO

Valable pour
la journée du

M

Signature :

N°

Tagesbillett des Casino de Monte Carlo für Fanny Rechenberg-Linten

muß sich passiv verhalten, kann sich keine eigenen Launen mehr leisten, sondern muß sich denen des Roulette fügen. Und ich tyrannisiere es, denn ob ich spiele, und wie hoch, oder wieder aufhöre, steht in meiner Macht.[307]

Aber jetzt, als Franziska zu Reventlow selbst am Spieltisch saß und genug Geld zur Verfügung hatte, setzte sie lediglich einen Fünfzig-Francs-Schein, verlor ihn und blieb bei der bloßen Beobachtung des Glücksspiels.[308]

Nach der Rückkehr ins Tessin platzte der Traum vom großen Geld. Rolf Reventlow saß in seinem Lieblingscafé «Sport», las Zeitung und wunderte sich über die plötzliche Aufregung, die überall herrschte. Auf seine Fragen erhielt er die Antwort, dass drei Banken des Kanton Tessin Bankrott gemacht hätten, darunter auch das Credito Ticinese. Eilig überbrachte er seiner Mutter die Nachricht, die im Gespräch mit Frieda Gross und Ernst Frick war. Ihr Kommentar zu dieser verhängnisvollen Nachricht, so berichtet Rolf Reventlow in seinen Erinnerungen, sei gewesen: «Es filmt mal wieder!»[309] In einem Brief an Freunde in München kommentierte sie die Ereignisse ebenso lakonisch: *Kurz, der Herr hat's gegeben, der Herr hat's genommen, der Name des Herrn sei gelobt!* [310]

Alexander von Rechenberg kam noch einmal zu Franziska und Rolf Reventlow – heftig auf die Bankmenschen schimpfend, verschwand aber darauf, ohne dass sie ihn noch einmal wieder gesehen hätten. Franziska und Rolf zu Reventlow erhielten die Nachricht, dass er sehr krank geworden sei und bis zu seinem Tod von seiner Schwester gepflegt werde. Rolf Reventlow schreibt: «Mutter erfuhr, daß die Schwester ihm, als er an Wassersucht erkrankte, unter ihre Obhut genommen hatte und sorgsam vermied, uns wissen zu lassen, wo er untergebracht war. Sehr viel später erfuhren wir von seinem Tod.» [311]

Krieg und Schriftstellerei (1914 – 1918)

Die Erbschaftsgeschichte wird zu einem strukturierenden Moment des 1916 vom Albert Langen Verlag veröffentlichten Briefromans *Der Geldkomplex*. Schauplatz der Romans ist ein Sanatorium. Im tiefsten finanziellen Elend trifft die Protagonistin einen «Freudianer», Herrn Baumann, dem sie ihre wirtschaftliche Situation schildert:

[...] – die Wohnung ist gekündigt, jedes menschenwürdige Einrichtungsstück gepfändet oder schon auf Nimmerwiedersehen abgeholt – es klingelt beständig, aber man macht nicht mehr auf – jedes Poststück, das ins Haus kommt, beginnt «Im Namen des Königs ...» usw. Trotzdem tauchen immer neue Leute auf, die Geld wollen, Geld, Geld und noch einmal Geld. Die ganze Atmosphäre bekommt etwas Überhitztes, Widernatürliches, schwirrt von abnormen Anforderungen. Es ist einfach nichts da, und doch hört, sieht, liest und erfährt man nichts anderes mehr, als daß jeder «sein Geld» haben will. [312]

Der Psychoanalytiker führt ihre Situation auf einen Geldkomplex zurück und bietet ihr an, diesen Komplex mittels einer neuen Nervenheilmethode zu heilen. Für die Dauer der Behandlung bringt er sie im Sanatorium eines befreundeten Professors unter.

Die eigene mangelnde Fähigkeit, mit Geld umzugehen, und die Psychoanalyse, mit der Franziska zu Reventlow durch die Gespräche mit Otto Gross und besonders mit Ernst Frick und Frieda Gross vertraut wurde, sind die zwei großen Themen dieses Briefromans. Der Aufenthalt im Sanatorium liegt in der wirtschaftlichen Situation der Heldin begründet und nicht darin, dass die Heldin Heilung von einer psychischen Krankheit durch die Psychoanalyse erhofft. Dadurch wird die Darstellung der Behandlungsmethoden zu einer geistreichen und witzigen Parodie auf die zeitgenössische Diskussion um die Theorie von Sigmund Freud. Die Heldin versichert dem Psychoanalytiker, sie sei in ihrem Leben allen menschlichen und seelischen Konflikten gewachsen gewesen, nur den wirtschaftlichen nicht. Damit trifft Franziska zu Reventlow im Kern die Kritik, die Ernst Bloch an der Psychoanalyse äußert: «Doch so laut der Hunger brüllt, so selten wird er hier ärztlich benannt. Dieser Ausfall zeigt, daß psychoanalytisch stets nur die besseren Leiden behandelt worden sind und werden. Die Sorge, wie man Nahrung findet, war für Freud und seine Patienten die unbegründetste.»[313] Bloch zitiert anschließend eine Inschrift, die er in einer psychoanalytischen Beratungsstelle gesehen habe: «Wirtschaftliche und soziale Fragen können hier nicht zur Behandlung kommen.»[314]

Die Ich-Erzählerin beschreibt ihrer Freundin Marie den Verlauf der Analyse: *Ich fand es anfangs ganz hübsch und stilvoll, einen Komplex zu haben, man konnte vor sich selbst und anderen sich immer darauf berufen, anstatt einfach zu sagen: ich bin verzweifelt, außer mir, schlechter Laune usw. Aber ich finde es hart, sich nun deshalb so anstrengen zu müssen, und es ist wirklich ein Stück Arbeit, bis man all diese verwickelten Sachen begriffen hat. Verlange nur nicht, daß ich dir einen populär verständlichen Vortrag darüber halte. Mein Wunsch geht mehr dahin, Euer Mitgefühl zu erwecken, als Euer Wissen zu bereichern. Wie schon die Bezeichnung Psychoanalyse sagt: man analysiert die Psyche, wie wir einst in der Schule deutsche Grammatik analysierten, ohne jemals zu begreifen, wozu das gut sei. In diesem Fall analysiert natürlich der Arzt, und man hat nur darauf einzugehen. Er fragt, fragt und fragt, und ich soll nur antworten, aber eben das ist gar nicht so leicht. Die Komplexe kommen angeblich dadurch zustande, daß man die betreffenden Dinge, Ge-*

danken, Wünsche und ähnliches von sich weggeschoben, mit dem technischen Ausdruck verdrängt hat, natürlich immer ins Unterbewußtsein. Das lassen sie sich unter Umständen nicht gefallen, sondern brechen aus und toben dann im Oberbewußtsein herum.

Nun ist er beständig unzufrieden, weil ich nicht das antworte, was er möchte. Er begann seine Erörterung damit, fast jeder Komplex beruhe auf verdrängter Erotik – mir schien, als erachte er ihn nur dann für vollwertig und wolle auch in meinem Falle versuchen, ihn auf diesen Ursprung zurückzuführen. Etwa so: wenn jemand sein ganzes oder halbes Leben lang vor allem nach Geld trachtet, muß er viele andere, lebendigere Regungen, wie vor allem die erotischen, unbedingt verdrängen …

Daß ich in der Verdrängung der «Erotik» Erhebliches geleistet habe, konnte ich nun wirklich beim besten Willen nicht behaupten … im Gegenteil, es wäre mir und meinen Finanzen sicher besser gewesen, ich hätte es mehr getan.[315]

Im Laufe der Zeit, in der die Heldin auf eine Erbschaft wartet, an die niemand so recht glaubt, schart sie einen Kreis von Nervenkranken um sich, zu dem sich auch bald der vor dem Geldkomplex der Heldin resignierende Psychoanalytiker gesellt. Mit ihm und ihren Freunden wartet sie auf die Nachricht vom Tod des «alten Herrn»; nachdem er gestorben ist, unterrichten sie immer wieder neu eintreffende Telegramme von den Versuchen, das Testament ausfindig zu machen. In der Wartezeit versucht die Heldin, sich mit ihren «Leidensgenossen», allesamt skurrile Persönlichkeiten, ein möglichst angenehmes, kurzweiliges Leben zu machen.

Den weiteren Geschehnissen des Romans – der Erbschaft, einem Ausflug ins Spielcasino in Monte Carlo und dem Faillieren der Bank – liegen Franziska zu Reventlows eigene Erlebnisse zugrunde. Irmela von der Lühe konstatiert in ihrem Aufsatz «Mythos zu Lebzeiten», dass die Autorin in diesem Roman eine Parodie liefert, die gleich drei Aspekte aufs Korn nimmt.[316] Neben der Psychoanalyse und der zeitgenössischen Freudrezeption parodierte Franziska zu Reventlow ihr eigenes Unvermögen, mit dem Geld zurechtzukommen. Außerdem parodierte sie die Gattung des Briefromans. Während der Briefroman im

Franziska zu Reventlow in Ascona

18. Jahrhundert eine Gattung darstellt, in der eine Inszenierung von Subjektivität und Empfindsamkeit vorgenommen wird, handelt Reventlows Roman nicht von einer Inszenierung des Gefühls. «Die Ich-Erzählerin plaudert, wenn man nicht sogar sagen will, sie plappert so vor sich hin. Nicht Wahrheit und Authentizität sollen mit dieser Erzählweise geleistet werden, sondern das Wirkliche erscheint an sich schon so komisch und so amüsant, daß es der Fiktion im strengen Sinne gar nicht mehr bedarf.»[317]

Veröffentlicht wurde der Roman im Jahr 1916 – mitten im Ersten Weltkrieg. Unmittelbar nach dem Erscheinen des Romans erschien lediglich eine Rezension in der Zeitschrift «März». Theodor Heuss schreibt: «Eine entzückende Laune beherrscht das Buch, dessen Unbefangenheit selbst einen Philister gewinnen müßte, so unphiliströs es auch ist. Stilistisch durchsichtig und bewegt, in der Haltung geistreich und ungemein unterhaltend.»[318]

In der Zeit, als Franziska zu Reventlow den Roman *Der Geldkomplex* schrieb, verbrachte sie viel Zeit mit Mario Respini-

Orelli, jenem Rechtsanwalt aus Locarno, den sie 1911 kennen gelernt hatte. Die Freundschaft entwickelte sich im Laufe der Jahre zu einer festen Liebesbeziehung. Später bemerkte Franziska zu Reventlow in Anspielung auf ihren Lebensgefährten in einem Brief: *Und das hiesige Idyll besteht immer noch – man wird alt und beständig.*[319] Mario Respini-Orelli drängte zu einer Heirat; seine Familie hatte eine große Sympathie für Franziska zu Reventlow entwickelt und hätte eine Heirat ebenfalls sehr begrüßt. Dazu konnte Franziska zu Reventlow sich jedoch nicht entschließen.

Im Frühsommer 1914 wurde sie schwanger; ein Telegramm erreichte Rolf in seinem Ferienort in der Nähe von Bellinzona mit der Bitte, sofort zu ihr zu kommen: sie hielte sich in Mailand auf und sei ernstlich krank. Beunruhigt reiste er zu ihr nach Mailand und erfuhr, dass sie bei einer «Engelmacherin» gewesen sei. Sie war 43 Jahre alt, für sie war es unvorstellbar, nochmals Mutter zu werden. Die Angst vor dem Alter spielte dabei eine Rolle; sie habe sich, so geht es aus den Erinnerungen der Zeitgenossen hervor, immer schon vor dem Alter gefürchtet. Nach der Abtreibung zog sie in den nördlich von Locarno liegenden Ort Muralto, um näher bei ihrem Lebensgefährten zu sein, auch wenn sie sich weiterhin nicht zu einer Legitimierung der Verbindung entschließen konnte.

Im Oktober 1914 reiste sie mit Rolf nach München, um sich einer weiteren Operation zu unterziehen. Bei der Ein- und Ausreise bekam Franziska zu Reventlow Schwierigkeiten. Durch die Heirat mit Alexander von Rechenberg-Linten war sie zu einer russischen Staatsbürgerin geworden und galt deshalb in Deutschland als feindliche Ausländerin.

In München herrschte eine Atmosphäre von Kriegsbegeisterung und Patriotismus, die Reventlow abstoßend fand und die ihrer kosmopolitischen Einstellung widersprach. Rolf Reventlow erinnert sich, wie sich seine Mutter bei einem Zusammensein im Hause des Journalisten Fritz Wahl über die allseits proklamierte England-Feindlichkeit erboste: «‹Nicht wahr, gnädige Frau, Sie hassen doch auch Engländer?› Worauf Mutter damals wütend replizierte, sie denke gar nicht daran.

Kriegsbegeisterte Menge am 2. August 1914
vor der Feldherrnhalle in München

Im Gegenteil, sie fände Engländer sehr sympathisch.»[320] Über die Englandfeindlichkeit schreibt auch Erich Mühsam: «‹Gott strafe England!› – ‹Er strafe es!› Das ist der neueste Gruß und Gegengruß der Deutschen, bei denen die Furcht vor der Lächerlichkeit ebenso unbekannt ist wie die vor dem Feind, mit dem man nicht in Berührung kommt.»[321] Franziska zu Reventlows kosmopolitische Einstellung war in dieser Zeit ungewöhnlich; die allgemeine Kriegseuphorie zu Beginn des Ersten Weltkriegs hatte viele Menschen erfasst, auch viele Intellektuelle. Reventlow hatte für diesen Patriotismus kein Verständnis. Sie fürchtete den Krieg, sie fürchtete besonders, dass ihr Sohn eingezogen werden könnte, und versuchte dies zu verhindern.

Im April 1914 hatte sie den Kontakt zu Ludwig Klages wieder aufgenommen. Sie bat ihn als Rolfs Vormund um Hilfe bei dem Versuch, ihren Sohn zu einem Bürger der Schweiz zu machen, einerseits aus ökonomischen Gründen, denn Rolf könne sich mit dem Bürgerrecht leichter eine berufliche Existenz schaffen, andererseits, um damit den drohenden Kriegsdienst in Deutschland zu verhindern. Der Soziologe Max Weber, der mit seiner Frau Marianne gute Kontakte zu Frieda Gross hatte und sich in dieser Zeit in Ascona aufhielt, erteilte ihr Ratschläge, wie sie das Gesuch beim Vormundschaftsgericht einreichen sollte. Franziska zu Reventlow gab die für den Antrag auf die Schweizer Staatsangehörigkeit notwendigen Informationen an Ludwig Klages weiter und bat ihn, diesen Antrag beim Vormundschaftsgericht in München zu stellen. Ihre Bitten waren dringend, denn der siebzehnte Geburtstag Rolfs nahte, und der Antrag musste bis zu diesem Zeitpunkt gestellt sein. Trotz Klages' Bemühungen wurde das Gesuch abgelehnt. Der wieder aufgenommene Kontakt zu Ludwig Klages blieb aber auch in den nächsten Jahren bestehen.

In Ascona machte sich der Krieg bemerkbar. Die Schweizer hatten für alle Ausländer eine «Sondersteuer» erhoben. Wer diese nicht aufbringen konnte, musste aus Ascona abreisen.[322] Viele reisten nach Deutschland zurück, um den Kriegsdienst zu leisten.

Rolf Reventlows Sorgen bezogen sich nicht auf den Krieg, sondern auf seine berufliche Zukunft. Ende 1914 aus München zurück, konnte er bei der Film-Gesellschaft «Thalia» arbeiten, die sich indes Anfang 1915 auflöste. Im Gegensatz zu seiner Mutter (*Beruf ist etwas, woran man stirbt*[323]) suchte er in einer beruflichen Tätigkeit neben den Verdienstmöglichkeiten auch die Chance einer sinnvollen und befriedigenden Beschäftigung. Er entschloss sich, erneut nach München zu gehen und sich dort eine Arbeit zu suchen. Unterkunft fand er bei Frau Güttner, bei der Franziska zu Reventlow siebzehn Jahre zuvor zur Miete gewohnt hatte und die sich damals liebevoll um «Bubi» gekümmert hatte. Als Gehilfe eines Filmvorführers konnte er schließlich arbeiten.

Im April 1916 erhielt Rolf Reventlow einen Gestellungsbefehl, so wie es Franziska zu Reventlow befürchtet hatte. Während es für sie einer Katastrophe gleichkam, dass ihr Sohn Soldat werden sollte, nahm Rolf Reventlow die Nachricht gelassen auf: «Sonderlich begeistert war ich nicht, aber auch nicht betrübt.»[324] Für Franziska zu Reventlow war Rolfs Kriegsdienst indes eine ungeheuer große Belastung. An Friedrich Kitzinger schrieb sie im Herbst 1916: *Überhaupt, seit er draußen ist – ich kann Ihnen nicht sagen wie mir ist. Ich hätte mir selbst doch etwas mehr «Seelenstärke» zugetraut. Aber ich bin einfach verzweifelt. Hoffen oder sich drein ergeben, ist ein reiner Unsinn, wenn man weiß, daß das Liebste auf der Welt in Gefahr ist und unerreichbar, und beides als chronischer Zustand. Probieren Sie nur einmal das von morgens bis abends immer zu wissen. Nachts träumt man wenigstens noch, daß es nicht wahr ist – aber man sollte weder darüber schreiben noch sprechen, denn wenn man den Mund auftut, fängt man eben an zu schreien.*[325]

Rolfs Gelassenheit währte nicht lange. Seine Erfahrungen an der französischen Front ließen ihn bald zu einem überzeugten Pazifisten und Kriegsgegner werden. Bei seinem Urlaub in Deutschland entschloss er sich zur Desertion. Um die Geschichte von Rolf Reventlows Flucht aus der deutschen Armee entstanden abenteuerliche Anekdoten. Balder Olden schrieb im Jahr 1926 folgendes: «Sie [Franziska zu Reventlow] holte ihn sich – setzte ihn in ein Ruderboot, legte sich selbst in die Riemen, wurde von Wachbooten aus beschossen, brachte im durchlöcherten Kahn ihren Buben ans schweizer Ufer. Alle Zeitungen der Welt waren voll von dieser Tat einer einzigen europäischen Mutter, die einfach nicht mittat, die so sehr Mutter war, dass sie keiner Nation und keiner Familie mehr angehören wollte.»[326] So spielte sich die Flucht jedoch nicht ab. Nach Rolf Reventlows Erinnerungen traf er sich mit seiner Mutter an der Schweizer Grenze am Bodensee. Sie hatte als russische Staatsbürgerin noch keine Erlaubnis für die Einreise nach Deutschland erhalten und konnte also nur an der Grenze mit ihrem Sohn sprechen. In den wenigen Minuten, in denen sie ungestört miteinander waren, vereinbarten sie, dass Rolf in Kreuzlingen, am Ufer des Bodensees, über die Grenze gehen sollte. Anarchisten gaben Rolf Zivilkleider und wiesen ihm den Weg über das Wasser, um auf die andere Seite der Grenze zu gelangen. Der Weg war zu weit, um hinüberschwimmen zu können, aber Rolf gelang es, indem er sich als Verwundeter ausgab, ein Ruderboot zu organisieren und zur Kreuzlinger Badeanstalt, die sich auf Schweizer Boden befand, zu rudern.

Franziska zu Reventlow war sehr erleichtert, ihren Sohn wieder bei sich zu haben. Nach seiner Flucht arbeitete Rolf in einem Hotel, während Franziska zu Reventlow abermals eine originelle Erwerbstätigkeit fand. Man konnte sie, wie sich Jakob Flach erinnert, oft abends als «vornehm in Schwarz gehüllte Dame am Spieltisch im Kursaal von Locarno sehen» [327], sodass er mutmaßte, sie sei von der Direktion als Lockvogel angestellt worden. Rolf Reventlow schreibt in seinen Erinnerungen, dass seine Mutter ein Honorar von zehn Franken am Abend bekam und ihren Gewinn abgab beziehungsweise den Verlust erstattet bekam. [328]

1917 wurde eine Sammlung von Erzählungen und Novellen Reventlows veröffentlicht. Einige Erzählungen wie *Der Spion* und *Der feine Dieb* waren bereits im «Simplicissimus» erschienen und griffen verschiedene kuriose Episoden im Leben der Reventlow auf. In der Erzählung *Das feindliche Gepäck* liefern die Geschehnisse um den von den Zollbeamten an der griechischen Grenze konfiszierten Koffer den Stoff; in *Die Spio-*

Locarno. Zeitgenössische kolorierte Postkarte

ne die allgemeinen Vorbehalte gegen anarchistische Strömungen in der Schweiz – unbescholtene Reisende werden aufgrund ihrer Unternehmungslust für feindliche Spione gehalten. In der Titelerzählung *Das Logierhaus zur schwankenden Weltkugel* zeichnete Franziska zu Reventlow ein skurriles Porträt ihres Vetters Viktor von Levetzow in der Figur des Hieronymus Edelmann.

Neue Wege beschritt Franziska zu Reventlow mit ihrem letzten Roman *Der Selbstmordverein*, den sie nicht mehr vollendete und der erst aus dem Nachlass veröffentlicht wurde. Anders als in den vorangegangenen Werken thematisierte sie hier nicht die eigene Lebensgeschichte. Sie erzählte die Geschichte eines jungen, indolenten und vom gesellschaftlichen Leben ermüdeten Mannes und eines jungen Liebespaares, das einen Doppelselbstmord begeht. Die Stimmung des Romans ist resignativ; unter der Oberfläche der konventionellen Gespräche flackern unheimliche Momente auf. Die männliche Hauptfigur sagt einmal: *Mir ist eigentlich nie etwas ernst. Ich hänge weder am Leben, noch sehne ich mich danach, es los zu sein.*[329]

Nachdem der Roman 1925 postum in den Gesammelten Werken veröffentlicht worden war, zog die Literaturkritikerin Martha Maria Gehrke in der «Weltbühne» eine Parallele zwischen Franziska zu Reventlow und dem baltischen Romancier Eduard von Keyserling: «Nur daß in die Erzählung der Reventlow Elemente grotesker Tragik – vorbereitet in manchen kleinen Erzählungen – hineingreifen, die dem baltischen Kollegen fern gelegen haben. Vielleicht hätte hier eine neue Entwicklungsmöglichkeit der Schriftstellerin, die nicht so heißen wollte, gelegen; zunächst bleibt uns dies Neue ein wenig fremd, weil es die Identität von Buch und Persönlichkeit vermissen läßt.»[330]

Während Franziska zu Reventlow an ihrem letzten Roman schrieb, versuchte Rolf nach seiner Rückkehr nach Muralto eine Arbeit zu finden und kam zunächst in einem kleinen Metallbetrieb unter. Als er erfuhr, dass dort Munition hergestellt wurde und er damit einen Beitrag zum Krieg leistete, kündigte er. Durch Franziska zu Reventlows Lebensgefährten

Franziska zu Reventlow. Eines der letzten Fotos der Gräfin

Mario Respini-Orelli sollte er die Gelegenheit bekommen, in einem Betrieb zur Herstellung von Uhren zu arbeiten. Diese Stelle konnte er nicht mehr annehmen. Seine Anwesenheit als deutscher Soldat im Kanton Tessin, der Grenzgebiet war, wurde von den Behörden nicht geduldet. Trotz mehrerer Schreiben von Franziska zu Reventlow an die Behörden in Bern erwirkte sie keine Sondererlaubnis für ihren Sohn. Rolf wurde zum Bahnhof zitiert, von Polizisten nach Bellinzona begleitet und aus dem Kanton Tessin ausgewiesen.

Franziska zu Reventlow und ihr Sohn sahen sich bei dieser Gelegenheit zum letzten Mal. Im Juni 1918 stürzte Franziska zu Reventlow von ihrem Fahrrad. Sie erlitt dabei innere Verletzungen. Während der Operation, bei der eine Darmverschlingung festgestellt wurde, starb Franziska zu Reventlow im Alter von 47 Jahren am 26. Juni 1918 an Herzversagen. Rolf, der sich in Zürich aufhielt, wurde von Mario Respini-Orelli benachrichtigt und reiste sofort nach Locarno, traf zur Beerdigung aber nicht mehr rechtzeitig ein.

Franziska zu Reventlow wurde auf dem Friedhof in Locarno beigesetzt. Emil Ludwig hielt beim Begräbnis die Gedenkrede.

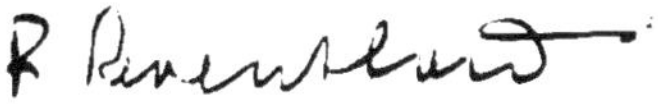

Anmerkungen

Bei Selbstzeugnissen wurden die von Else Reventlow herausgegebenen Ausgaben des Langen Müller Verlages herangezogen. Die einzelnen Werke wurden mit folgenden Siglen versehen: Tagebücher: T; Briefe: B. Die Romane mit den Siglen: Von Paul zu Pedro PP; Herrn Dames Aufzeichnungen: HD; Der Geldkomplex: GK; Der Selbstmordverein: SMV. Der Roman Ellen Olestjerne ist in dem Band Autobiographisches erschienen, wird folglich mit der Sigle A zitiert; die anderen autobiographischen Texte (Skizzen, Novellen, Aufsätze) dieses Bandes werden ebenfalls mit der Sigle A abgekürzt.
Die Autobiographie von Rolf Reventlow, Kaleidoskop des Lebens (Typoskript, Monacensia München – Handschriftenabteilung), wurde mit der Sigle RR versehen.
Alle in der Bibliographie aufgeführten Werke werden in den Anmerkungen in Kurzform genannt.

1 T, S. 267
2 PP, S. 50
3 Vgl. von der Lühe: Mythos zu Lebzeiten?, S. 125–146
4 A, S. 478f.
5 Fritz: Die erotische Rebellion
6 von Rantzau: Zur Geschichte der sexuellen Revolution
7 Vgl. hierzu Richard Faber: Franziska zu Reventlow und die Schwabinger Gegenkultur, sowie Ders.: Männerrunde mit Gräfin
8 B, S. 154
9 Mühsam: Namen und Menschen, S. 149
10 T, S. 415
11 B, S. 343
12 Heißerer: Wo die Geister wandern, S. 157. Nachdem eine Neuauflage der Tagebücher 1971 erschienen ist, war man sich in der Kritik nicht recht einig, ob sie «Beileibe keine Emanzipierte» (so in der «Frankfurter Rundschau» vom 18. 10. 1971) war oder als eine «Frühemanzipierte» («Kölner Stadt-Anzeiger» vom 4./5. 9. 1971) zu bezeichnen sei.
13 A, S. 13
14 Vgl. Kubitschek: Franziska Gräfin zu Reventlow, S. 32. Dies ist die bisher umfangreichste und detaillierteste Biographie über Franziska zu Reventlow. Brigitta Kubitschek wertet zahlreiche bislang unberücksichtigte Quellen aus.
15 Trömel: Theodor Storms Briefe an die Gräfin Emilie Reventlow. In: «Schriften der Theodor-Storm-Gesellschaft» 1976, S. 27
16 Ebd., S. 25
17 Theodor Storm – Paul Heyse. Briefwechsel. Hg. von Clifford Albrecht Bern. 2. Bd. Berlin 1970, S. 52
18 A, S. 290
19 Zit. nach Trömel, Theodor Storms Briefe an die Gräfin Emilie Reventlow, S. 27
20 A, S. 17
21 A, S. 23
22 Helga Kraft und Ellen Liebs (Hg.): Mütter – Töchter – Frauen, S. 177
23 A, S. 18f.
24 B, S. 15
25 B, S. 66
26 A, S. 37
27 Else Lasker-Schüler: Gesammelte Werke Bd. 2. München 1959, S. 202
28 Vgl. Karl Ernst Laage: «Geh nicht hinein». Der Tod des jungen Grafen Reventlow bei Theodor Storm und Franziska zu Reventlow. In: Ders.: Theodor Storm. Studien zu seinem Leben und Werk mit einem Handschriftenkatalog. Berlin 1985, S. 74–80
29 A, S. 32
30 B, S. 179
31 A, S. 39
32 B, S. 34
33 Zit. nach Kubitschek: Franziska Gräfin zu Reventlow, S. 131

34 Ebd.
35 Ebd.
36 Ebd., S. 153
37 B, S. 21
38 A, S. 48
39 A, S. 56
40 Zit. nach Kubitschek: Franziska Gräfin zu Reventlow, S. 131
41 A, S. 245
42 A, S. 251
43 Karl Zettel: Edelweiß. Für Frauensinn und Frauenherz. Eine Auswahl aus der neuern und neuesten Lyrik. Stuttgart 1869
44 Mulot: Franziska zu Reventlow, S. 375 f.
45 Szekely: Franziska zu Reventlow, S. 11 f.
46 A, S. 57
47 Ebd.
48 Das Zeugnis befindet sich in der Stadtbibliothek München, Monacensia. Wieder abgedruckt in: A. Anhang
49 A, S. 258
50 A, S. 286
51 A, S. 260
52 A, S. 63
53 A, S. 64
54 A, S. 66
55 B, S. 95
56 A, S. 68
57 Wolfskehl: Gesammelte Werke. Bd. 2, S. 351
58 Schröder: Ludwig Klages, S. 72
59 B, S. 20
60 A, S. 73
61 B, S. 56
62 A, S. 91
63 A, S. 482–488
64 A, S. 482
65 B, S. 33
66 B, S. 28
67 B, S. 216
68 B, S. 111
69 Mühsam: Namen und Menschen, S. 147
70 B, S. 133
71 Holm: ich – kleingeschrieben, S. 150 f.
72 Ebd.
73 B, S. 272
74 B, S. 257
75 B, S. 199
76 B, S. 279
77 A, S. 271 f. Vgl. zu Theodor Storm und Franziska zu Reventlow: Karl Ernst Laage: «Geh nicht hinein».
78 A, S. 109
79 A, S. 117
80 Zit. nach Kubitschek: Franziska Gräfin zu Reventlow, S. 254
81 A, S. 305
82 A, S. 307
83 A, S. 129 f.
84 T, S. 192
85 T, S. 37
86 Vgl. Kubitschek: Franziska Gräfin zu Reventlow, S. 259
87 Thomas Mann: Sämtliche Erzählungen. Frankfurt a. M. 1971, S. 155
88 A, S. 149
89 Vgl. Schmitz: Die Münchener Moderne, S. 15–25
90 Prévot: Kleiner Schwarm für Babylon, S. 33
91 Annette Kolb: Daphne Herbst. Frankfurt a. M. 1982, S. 97
92 Blei: Erzählung eines Lebens, S. 350
93 Thomas Theodor Heine: Ich warte auf Wunder. Frankfurt a. M. 1977, S. 48
94 Vgl. Heißerer: Wo die Geister wandern, S. 9 ff.
95 Vgl. Wilhelm: Die Münchener Bohème, S. 9 f.
96 Mühsam: Namen und Menschen, S. 109
97 Viktor Mann: Wir waren fünf. Bildnis der Familie Mann. Konstanz 1949, S. 74
98 Mühsam: Namen und Menschen, S. 110 f.
99 Frank: Links, wo das Herz ist, S. 26
100 B, S. 283
101 Deutsches Literaturarchiv Marbach, Klages-Archiv. Mappe 17
102 A, S. 149
103 B, S. 284
104 A, S. 170

105 Vgl. Kubitschek: Franziska Gräfin zu Reventlow, S. 285 f.
106 A, S. 154
107 T, S. 37
108 Vgl. zur Geschichte des Albert Langen Verlages: Helga Abret und Aldo Keel: Im Zeichen des Simplicissimus. Briefwechsel Albert Langen – Dagny Björnson 1895–1908. Mit zahlreichen Abbildungen und Faksimiles. München 1987
109 Vgl. zu Panizza: Michael Bauer: Oskar Panizza. Ein literarisches Porträt. München 1984
110 T, S. 48 f.
111 A, S. 499
112 Holm: Das Kopierbuch Korfiz Holms: 1899–1903, S. 199
113 B, S. 358
114 T, S. 41
115 T, S. 41 f.
116 T, S. 42
117 T, S. 49
118 T, S. 62
119 T, S. 64
120 Vgl. Holm: ich – kleingeschrieben, S. 155
121 Ebd.
122 T, S. 47
123 Vgl. Kubitschek: Franziska Gräfin zu Reventlow, S. 289 f.
124 Ebd., S. 299
125 T, S. 65
126 Zit. nach Donald A. Prater: Ein klingendes Glas. Das Leben Rainer Maria Rilkes. München 1986, S. 74
127 T, S. 56
128 So hatte Reventlow ihren Sohn in ihren Tagebüchern genannt.
129 T, S. 71
130 Holm: ich – kleingeschrieben, S. 156
131 T, S. 59
132 Kubitschek: Franziska Gräfin zu Reventlow, S. 108 ff.
133 RR, S. 1
134 T, S. 129
135 T, S. 108
136 T, S. 94
137 T, S. 94 f.
138 T, S. 94
139 B, S. 455
140 Prévot: Kleiner Schwarm für Schwabylon, S. 24
141 T, S. 120
142 T, S. 82
143 T, S. 87
144 Vgl. Renate Möhrmann: Die Schauspielerin als literarische Fiktion.
145 Heinrich Mann: Die Jagd nach Liebe. Hamburg – Düsseldorf 1970, S. 264
146 Vgl. Wilhelm: Die Münchener Bohème, S. 104–109.
147 Michael Georg Conrad: Klosterjungen. Humoresken von F. Gräfin zu Reventlow und O. E. Tissan. In: «Die Gesellschaft» 14 (1898), S. 143
148 Rainer Maria Rilke: Briefe 1897–1914. Leipzig 1950, S. 3
149 Vgl. Ellen Key: Essays. Berlin 1900 und Dies.: Mißbrauchte Frauenkraft. München 1898
150 In: A, S. 468–481
151 Georg Simmel: Weibliche Kultur. In: Ders.: Aufsätze und Abhandlungen 1901–1908. Hg. von Rüdiger Kramme u. a. Frankfurt a. M. 1995, S. 65
152 A, S. 478
153 A, S. 478 f.
154 A, S. 455
155 A, S. 480
156 A, S. 479
157 Vgl. Krause: «Hetärismus» und «Freie Liebe» gegen «Bürgerliche Verbesserung», S. 77–98
158 Anlehnung an den Titel eines Aufsatzes von Lou Andreas-Salomé, die darin ihre Polemik gegen die Frauenbewegung zum Ausdruck bringt. Lou Andreas-Salomé: Ketzereien gegen die moderne Frau. In: «Die Zukunft», 7, (1898/99), S. 237–240
159 Vgl. Rudolf Herz und Brigitte Bruns: Hof-Atelier Elvira 1887–1928. Ästheten, Emanzen, Aristokraten. Ausstellung des Fotomuseums im Münchener Stadtmu-

seum 13. Dezember 1985 bis 2. März 1986. München 1985
160 T, S. 198
161 T, S. 116
162 Schröder: Ludwig Klages, S. 270 f.
163 T, S. 118
164 T, S. 122
165 T, S. 133
166 T, S. 121 f.
167 Monacensia, Stadtbibliothek München, Nachlass Reventlow
168 T, S. 145
169 T, S. 148
170 Vgl. Holm: ich – kleingeschrieben, S. 159–161
171 B, S. 353
172 T, S. 189 f.
173 T, S. 212
174 Vgl. Schröder: Ludwig Klages, S. 309 f.
175 Vgl. Kubitschek: Franziska Gräfin zu Reventlow, S. 372
176 T, S. 184
177 T, S. 199
178 T, S. 201
179 B, S. 327
180 Lessing: Einmal und nie wieder, S. 379
181 Vgl. Breuer: Ästhetischer Fundamentalismus, S. 95–123
182 T, S. 275
183 Klages: Rhythmen und Runen, S. 511
184 B, S. 384
185 Klages: Rhythmen und Runen, S. 512
186 T, S. 193
187 PP, S. 22
188 T, S. 176 f.
189 HD, S. 106 f.
190 HD, S. 128 f.
191 Schlösser: Karl Wolfskehl 1869–1969, S. 127
192 David: Stefan George, S. 223
193 B, S. 370
194 Georg Peter Landmann: Vorträge über Stefan George. Eine biographische Einführung in sein Werk. Düsseldorf 1974, S. 147
195 T, S. 180
196 T, S. 225
197 Huch: Alfred Schuler, Ludwig Klages und Stefan George, S. 26
198 Ebd.
199 Vgl. Wilhelm: Die Münchener Bohème, S. 150
200 HD, S. 156
201 HD, S. 156
202 Huch: Alfred Schuler, Ludwig Klages und Stefan George, S. 11
203 Vgl. ebd., S. 29
204 David: Stefan George, S. 225
205 «Die Kosmiker, wie sich der Kreis von Ludwig Klages und Alfred Schuler nannte, laden den nachträglichen Betrachter zu Wortspielen mit kosmisch / komisch förmlich ein.» Manfred Flügge: Gesprungene Liebe, S. 34
206 HD, S. 194
207 Lessing: Einmal und nie wieder, S. 322
208 HD, S. 197
209 Zit. nach Schlösser: Karl Wolfskehl 1869–1969, S. 20
210 B, S. 383
211 T, S. 251
212 T, S. 257
213 Zit. nach Heißerer: Wo die Geister wandern, S. 38
214 Vgl. Rolf von Hoerschelmann: Schwabinger Beobachter. Einleitung. München 1941, S. 8
215 T, S. 240 f.
216 T, S. 252
217 Schröder: Ludwig Klages, S. 252
218 T, S. 253
219 T, S. 254
220 S: Ellen Olestjerne. Eine Lebensgeschichte. In: «Frankfurter Zeitung» 160 (1904), S. 1 f.
221 Sophie Hochstetter: Ellen Olestjerne. In: «Das literarische Echo» 6 (1903/04), S. 1301 ff.
222 Rainer Maria Rilke: Franziska Gräfin zu Reventlow. Ellen Olestjerne. In: «Die Zukunft» 12 (1904), S. 306 ff.
223 Mühsam: Namen und Menschen, S. 147
224 B, S. 431 f.

225 T, S. 263
226 T, S. 253
227 T, S. 264
228 T, S. 267
229 T, S. 289
230 RR, S. 1
231 RR, S. 1
232 A, S. 488
233 B, S. 439
234 RR, S. 7
235 Schwabinger Beobachter. Mit einer Einleitung von Rolf von Hoerschelmann. München 1941, S. 27
236 Ebd., S. 22
237 Ebd., S. 22
238 Ebd., S. 28
239 Ebd., S. 30
240 Ebd., S. 32
241 Ebd., S. 36
242 Ebd., S. 41
243 B, S. 444
244 Werefkin: Briefe an einen Unbekannten 1901–1905, S. 37 f.
245 RR, S. 7
246 Vgl. ebd.
247 T, S. 269
248 PP, S. 43
249 Franz Hessel: Der Kramladen des Glücks, S. 176 f.
250 Franz Hessel: Verlorene Gespielen. Gedichte. Berlin 1905, S. 64
251 T, S. 388
252 Vgl. Flügge: Gesprungene Liebe, S. 40
253 T, S. 287
254 RR, S. 4
255 T, S. 310 f.
256 T, S. 310
257 RR, S. 3
258 Über diese Situation schreibt Franziska zu Reventlow an Suchocki in einem unveröffentlichten Brief vom 16. September 1905. Abgesehen davon, dass Hessel Freundinnen in Franziskas Zimmer einquartiert hat, verbot er der Zugehfrau, darüber zu sprechen.
259 Über das Verhältnis zwischen Gruhle und Reventlow schreibt Kubitschek: Franziska Gräfin zu Reventlow ausführlich, S. 389 ff.
260 T, S. 340
261 Vgl. Kubitschek: Franziska Gräfin zu Reventlow, S. 79 ff.
262 T, S. 384
263 B, S. 476
264 Diese Ereignisse lassen sich aus dem Briefwechsel ersehen, den Franziska zu Reventlow und Bohdan von Suchocki in dieser Zeit führten (Monacensia, Stadtbibliothek München, Nachlass Reventlow).
265 Vgl. Brigitte Doppagne: Ottilie Reyländer. Stationen einer Malerin. Worpswede 1994
266 Vgl. Flügge: Gesprungene Liebe, S. 58 f.
267 T, S. 423
268 T, S. 464
269 Mühsam: Namen und Menschen, S. 150
270 Vgl. ebd., S. 151
271 RR, S. 14
272 Mühsam: Ascona, S. 49–96
273 Green: Else und Frieda – die Richthofen-Schwestern, S. 140
274 Otto Gross: Von geschlechtlicher Not zur sozialen Katastrophe. Mit einem Textanhang von F. Jung. Hg. von K. Kreiler. Frankfurt a. M. 1980, S. 15
275 T, S. 440
276 PP, S. 16 f.
277 T, S. 487
278 RR, S. 12
279 Vgl. Janos Frecot: Landkrone über Europa. In: Szeemann, S. 55–64
280 Jakob Flach hebt in seinen Erinnerungen in besonderem Maße den landschaftlichen Reiz Asconas hervor. Jakob Flach: Ascona.
281 Mühsam: Ascona, S. 88
282 Mühsam: Namen und Menschen, S. 153
283 B, S. 527
284 B, S. 490 f.
285 Vgl. RR, S. 18
286 B, S. 572
287 B, S. 578

288 PP, S. 75
289 B, S. 490. Der Titel «Von Paul zu Pedro» war schließlich ein Vorschlag des Albert Langen Verlages, dem, wie Reventlow an Franz Hessel schrieb, der Titel nicht recht war und der «etwas mehr Sensation mit erotischem Hintergrund» im Titel haben wollte. B, S. 494
290 Szekely: Franziska zu Reventlow, S. 164
291 PP, S. 19
292 PP, S. 57
293 PP, S. 56
294 B, S. 543
295 Ebd.
296 B, S. 495 f.
297 Kubitschek: Franziska Gräfin zu Reventlow, S. 391
298 B, S. 555
299 Vgl. Hans-Manfred Bock und Florian Tennstedt: Raphael Friedeberg: Arzt und Anarchist in Ascona. In: Szeemann, S. 44
300 RR, S. 21
301 Robert Landmann: Monte Verità, S. 61
302 B, S. 572
303 Mühsam: Ascona, S. 73
304 Landmann: Monte Verità, S. 154
305 B, S. 497
306 RR, S. 32
307 GK, S. 349
308 Vgl. RR, S. 37
309 RR, S. 38
310 B, S. 579
311 Vgl. RR, S. 39
312 GK, S. 255
313 Ernst Bloch: Das Prinzip Hoffnung. Erster Band. Frankfurt a. M. 1979, S. 72
314 Ebd.
315 GK, S. 289 ff.
316 Lühe: Mythos zu Lebzeiten?, S. 140 f.
317 Ebd.
318 Theodor Heuss: Einige Bücher. In: «März«», Jg. 10. H. 14. 1916, S. 239 f.
319 B, S. 580
320 RR, S. 49
321 Erich Mühsam. Tagebücher 1910–1924. Hg. von Chris Hirte. München 1995, S. 133
322 Landmann: Monte Verità, S. 185
323 PP, S. 75
324 RR, S. 50
325 B, S. 580
326 Balder Olden: Ein Leben in Purzelbäumen. Zu den gesammelten Werken Franziska Reventlows. In: «Das Tagebuch» 7 (1926), S. 424
327 Flach: Ascona, S. 45
328 RR, S. 78
329 SMV, S. 515
330 Martha Maria Gehrke: Ernst Reventlows Schwester. In: «Die Weltbühne» 22, I (1926), S. 702

Zeittafel

1871 Franziska zu Reventlow wird in Husum als viertes von fünf Kindern geboren. Der Vater: Ludwig zu Reventlow, preußischer Landrat, die Mutter: Emilie Gräfin zu Reventlow, geb. Reichsgräfin zu Rantzau.

1874 Geburt des Bruders Karl, genannt Catty.

1878 21. Mai Tod des ältesten Bruders Theodor.

1886 Die Eltern schicken Franziska in das «Freiadlige Magdalenenstift» zu Altenburg in der Hoffnung, dass das Temperament ihrer ungestümen Tochter von pädagogisch ausgebildeten Lehrkräften gezügelt wird.

1887 Rückkehr nach Husum. Häufige Auseinandersetzungen in der Familie, besonders mit der Mutter. Aufenthalte bei Verwandten in Preetz / Schleswig-Holstein, um die Spannungen in der Familie zu entschärfen. Die Tante Fanny zu Rantzau ermöglicht ihr, Unterricht im Malen zu nehmen.

1889 Umzug der Familie Reventlow nach Lübeck. Durch ihren Bruder Catty kommt Franziska in den «Ibsenclub», ihre Teilnahme an dem von der Lübecker Bevölkerung als subversiv betrachteten Literaturzirkel muss verheimlicht werden.

1890 Beginn des Briefwechsels mit Emanuel Fehling, den sie im Ibsenclub kennen gelernt hat. Intensive Lektüre von Autoren des Naturalismus; neben Ibsen bekommen Tolstoj, Turgenjew und Zola besondere Bedeutung.

1891 Besuch des Lehrerinnenseminars in Lübeck. Im Herbst Lösung von Emanuel Fehling und Hinwendung zu Karl Schorer, ebenfalls Mitglied des Ibsenclubs.

1892 Franziska zu Reventlow absolviert das Lehrerinnenexamen. Die Eltern erfahren von ihrer Beziehung zu Karl Schorer und schicken Franziska zu Reventlow in ein Pfarrhaus. Flucht im April. Sie geht nach Wandsbek zu ihrer Freundin und früheren Mitschülerin Else Gutschow. Dort lernt sie den Gerichtsassessor Walter Lübke kennen.

1893 Als der Vater schwer erkrankt, verweigert die Familie Franziska, den Vater zum letzten Mal zu sehen. 14. Juni Tod des Vaters. Verlobung Franziskas mit Walter Lübke. Er unterstützt ihren Wunsch, Malerin zu werden. Im August geht sie nach München, um eine künstlerische Ausbildung zu erhalten. In den «Husumer Nachrichten» erscheinen ihre ersten literarischen Skizzen, darunter *Warum?* und *Momentaufnahmen Frühschoppen*. Sie besucht eine private Kunstschule und knüpft Kontakte zu Künstlerkreisen. Sie lernt den polnischen Maler Adolf Herstein kennen, mit dem sie eine Liebesbeziehung eingeht.

1894 Schwangerschaft. Adolf Herstein rät ihr, zu ihrem Verlobten zurückzukehren. Am 22. Mai heiratet Franziska zu Reventlow Walter Lübke und lebt mit ihm in Hamburg. Im Juni erleidet sie eine Fehlgeburt, die sie ihrem Mann verschweigt. Im Herbst geht sie erneut nach München.

1895 18. Februar: Beginn des Tagebuchs. Franziska zu Reventlow leidet zuweilen an Depressionen.

1896 Die Ehe von Franziska zu Reventlow und Walter Lübke wird geschieden wegen fortgesetzten Ehebruchs Franziskas. Im Herbst unterzieht sie sich einer schweren Operation, von der sie sich nur langsam erholt.

1897 Kontakt zu Rainer Maria Rilke, Oskar Panizza und Albert Langen. Beginn ihrer Übersetzungstätigkeit für den Albert Langen Verlag. Aufgrund von Geldschwierigkeiten flüchtet Franziska vor dem Vermieter an den Bodensee. Am 1. September: Geburt ihres Sohnes Rolf. Franziska zu Reventlow gibt beim Vormundschaftsgericht nicht den Namen des Vaters an. In der Zeitschrift «Neue Rundschau» erscheint ihre Novelle *Das gräfliche Milchgeschäft*.

1898 In der von Oskar Panizza herausgegebenen Zeitschrift «Zürcher Diskußionen» erscheint Reventlows Aufsatz *Das Männerphantom der Frau* als Antwort auf einen Aufsatz von Ria Claassen über die Frauenbilder des Mannes.

1899 April: Hohenzollernstraße; Franziska zu Reventlow nimmt Schauspielunterricht und versucht durch verschiedene Gelegenheitsarbeiten Geld zu verdienen. Sie lernt Ludwig Klages kennen. Der Aufsatz *Viragines oder Hetären?* erscheint in den «Zürcher Diskußionen».

1900 Von Mai bis Dezember Reise nach Griechenland mit Albrecht Hentschel. Beginn der Arbeit am Roman *Ellen Olestjerne*.

1901 Franziska zu Reventlow lernt Stefan George und die Kosmiker kennen; in diesem Kreis wird sie als «heidnische Hetäre» bezeichnet.

1902 Längere Aufenthalte im Sommer und im Herbst im Kloster Schäftlarn bei Ebenhausen, um in Ruhe an ihrem Roman arbeiten zu können. Ende des Jahres distanziert sich Franziska zu Reventlow von Ludwig Klages.

1903 Am 22. Februar: Antikes Fest mit Maskenzug bei Karl Wolfskehl. Liebesbeziehung mit Karl Wolfskehl, gemeinsamer Aufenthalt in Italien. Franziska lernt den Kunstmaler Bohdan von Suchocki kennen und geht mit ihm eine Liebesbeziehung ein. Sie hält sich im Sommer für kurze Zeit mit Franz Hessel in Solln auf; dort entsteht die Idee, einen Haushalt zu dritt zu führen.
Im November: Beginn der Wohngemeinschaft von Franziska zu Reventlow, Bohdan von Suchocki und Franz Hessel in der Kaulbachstraße. *Ellen Olestjerne* erscheint bei dem anarchistischen Verleger Julian Marchlewski.

1904 Frühjahr: Erscheinen des «Schwabinger Beobachters»; an dieser Zeitschrift sind neben Franziska zu Reventlow Franz Hessel und Oscar A. H. Schmitz beteiligt. Der «Schwabinger Beobachter» parodiert die Kosmiker-Runde und den so genannten «Schwabinger Krach». Franziska reist mit ihrem Sohn, Bohdan von Suchocki und Franz Hessel nach Italien. In Forte dei Marmi erleidet sie eine Frühgeburt von Zwillingen; eines der Kinder kommt tot zur Welt, das andere überlebt nur einen Tag. Rückkehr Reventlows nach München.

1905 Häufige Auseinandersetzungen in der Wohngemeinschaft. Franziska zu Reventlow konzentriert sich auf die Malerei und übersetzt weiterhin für den Langen Verlag. Am 19. November: Tod der Mutter. Franziska reist zu ihrem kranken Bruder Ludwig nach Berlin.

1906 Am 26. Mai: Tod des Bruders Ludwig. Auflösung der Wohngemeinschaft. Reise mit Rolf nach Griechenland und Italien.

1907 Schwere Operation und längere Krankheitsphase. Bohdan von Suchocki wandert nach Amerika aus. Franziska lernt Erich Mühsam kennen.

1909 Franziska zu Reventlow versucht mit Glasmalerei Geld zu verdienen.

1910 Im Oktober: Franziska zu Reventlow trennt sich für kurze Zeit von ihrem Sohn Rolf und reist über Berlin nach Paris. Von Paris reist sie nach Ascona und lebt wieder mit ihrem Sohn zusammen.

1911 *Ellen Olestjerne* erscheint in der dritten Auflage im Albert Langen Verlag. Arbeit an ihrem Roman *Von Paul zu Pedro*. Franziska zu Reventlow lernt Ernst Frick und Frieda Gross kennen. Erster Kontakt zu Alexander von Rechenberg-Linten, einem baltischen Baron. Franziska heiratet im Juni Alexander Rechenberg-Linten und erhält mit der Heirat die russische Staatsbürgerschaft. Liebesbeziehung mit dem Rechtsanwalt Mario Respini-Orelli.

1912 *Von Paul zu Pedro* erscheint in München. Auf Einladung ihres Vetters Viktor von Levetzow Aufenthalt mit Rolf in Mallorca von Oktober 1912 bis Mai 1913. Franziska zu Reventlow beginnt den Roman *Herrn Dames Aufzeichnungen* zu schreiben. Sie führt regen Briefwechsel mit dem Philosophen Paul Stern und lässt sich die philosophischen Standpunkte der Kosmiker erklären.

1913 Bei Albert Langen erscheint *Herrn Dames Aufzeichnungen*.

1914 Im Dezember stirbt Franziska zu Reventlows Schwiegervater. Statt des erhofften großen Vermögens erhält Alexander Rechenberg-Linten nur den gesetzlichen Pflichtteil des väterlichen Erbes. Das Geld wird auf einer Bank angelegt. Die «Credito Tecinese» failliert, und somit verliert auch Franziska zu Reventlow ihren finanziellen Anteil. Im August: Beginn des Ersten Weltkriegs.

1916 In München erscheinen der Roman *Der Geldkomplex* und die Novellensammlung *Das Logierhaus zur schwankenden Weltkugel*. Rolf wird Soldat. Franziska zu Reventlow zieht von Ascona nach Muralto.

1917 Rolf desertiert und kehrt nach Muralto zurück, wird aber kurz darauf aus dem Kanton Tessin ausgewiesen.

1918 Am 26. Juli stirbt Franziska zu Reventlow bei einer Operation.

Zeugnisse

Rainer Maria Rilke
Ich finde, daß das Leben [der Reventlow] eins von denen ist, die erzählt werden müssen, daß man es vor allem jungen Mädchen und jungen Männern erzählen muß, die das Leben anfangen wollen und nicht wissen wie.
In: «Die Zukunft», 1904

Franz Hessel
Die Gräfin hat, wie wohl niemand sonst, den Reiz, den Wert und das Lächerliche dieser jetzt versunkenen Welt [von Schwabing] gekannt, geliebt und verspottet, sie war die Vertraute der heimlichen Bewegungen, die damals noch in Zenakeln wohlgehütet geheimblieben, und heut durch Werke von Meistern und Jüngern, auf Universitäten und in Salons geistiges Allgemeingut werden. Und wie in dieses Wahnmoching, hat die Gräfin vorher und nachher in die ältere und spätere Münchener Bohème die Schönheit und den Adel ihres Wesens getragen, den Adel auch in der unübertragenden Bedeutung des Wortes: sie brachte das beste Teil der Gesellschaft, der sie entflohen war, mit und schuf aus kahlen und überfüllten Ateliers und Mansarden einen Salon, in dem sie vornehmer empfing und bessere Konversation machte als ihre Vettern und Basen auf Schlössern und in politischen Salons.
In: «Die literarische Welt», 1926

Balder Olden
Sie war ein dänischer Typ, klein, zierlich, elastisch, ungeschminkt, viel parisischer als die echten Pariserinnen mit Rouge, ein bißchen schnoddrig, sehr geistreich, ein bißchen sentimental. Auf zierlichen Füßen stelzte sie durch den aufgeweichten Boden der Münchener Vorstadt Schwabing und schien immer unberührt, blank gewaschen, unberührbar, auch wenn sie fast versank.
In: «Das Tagebuch», 1926

Oscar A. H. Schmitz
In ihrem Urteil war sie so weltüberlegen wie kindisch unterentwickelt in ihrem Gefühlsleben. Sie konnte gleichzeitig einem albernen Mann sentimental erliegen und sich bei mir mit tödlicher Ironie über ihn lustig machen.
Dämon Welt, 1926

Marianne Weber
Ihr erotisch hemmungsloses Leben läßt den Nachdenklichen schaudern.
Die Frauen und die Liebe, 1936

Helmut Fritz
In der sexuellen Bigotterie der wilhelminischen Gesellschaft besaß sie den Mut zur öffentlichen Unmoral, zur Verherrlichung der freien Liebe ohne Schuldkomplexe, zur freien Mutterschaft jenseits der patriarchalen Familie. Fünfzehn Jahre lang vagabundierte sie mit ihrem Sohn Rolf, dem demonstrativ ‹vaterlosen› Kind, über die Schauplätze ihres unsteten Lebens: Münchener Ateliers, flüchtige Logis, Hotelzimmer, Strandpensionen im Süden und schließlich das Exil in Ascona. In der Liebe war sie auf Abenteuer aus und auf Genuß. Um sich und ihren Sohn am Leben zu halten, hat sie ihre Liebe auch gelegentlich verkauft. Die selbstbestimmte Sexualität, nicht der Beruf, den sie als Plage der Männer haßte, war für sie die höchste Trophäe der Emanzipation.
Die erotische Rebellion, 1980

Hortense von Heppe
Franziska hat es verstanden, aus diesem femininen Kern der Gesellschaft auszubrechen, um sich in den Bereich des Maskulinen auf den

Weg zu machen. Das Milieu, das sie begeistert aufnahm, könnte man mit einem Freudschen Terminus als Brüderhorde bezeichnen. Die Münchener Bohème hatte ihren Vatersturz am Wilhelminischen Deutschland vollzogen; sie trug nun die Konsequenzen dieser Tat, indem sie die Diskussion um die Vorzüge des Matriarchats wieder aufleben ließ. In Franziska präsentierte sich ihr ein reales Stückchen Weiberherrschaft: Sie wählte keinen der Männer auf Dauer – umgekehrt mußten sich die Männer sie wohl oder übel teilen.
Fanny in der Brüderhorde, 1987

Christiane Krause
Um die Jahrhundertwende hat sie praktisch wie theoretisch versucht, den strahlenden und morbiden Bildern von dekadent-bohèmischer Weiblichkeit zu entsprechen, hat sie sogar aktiv mitgeprägt und sich damit permanent in Widersprüche zu ihrem Anspruch auf Autonomie verwickelt. Diese Widersprüche, die sich als Taktik der Unterwerfung unter männliche Bilder ausprägen, zeigen auch eine bis in psychische Strukturen reichende innere Kolonisation. Im Versuch, die Imaginationen des Weiblichen zur eigenen Befreiung umzuwenden, ist Franziska zu Reventlow auch Paktierende, Mitläuferin in patriarchalen Strukturen. Ihre individuelle Taktik gab ihr die Möglichkeit, kompromißloser, radikaler als die zeitgenössische Frauenbewegung zu agieren; die individualistische Widerstandstaktik blieb jedoch auch hinter deren kollektiven Strukturen zurück.
«Hetärismus» und «Freie Liebe», 1989

Irmela von der Lühe
Franziska zu Reventlows schriftstellerische Tätigkeit, ja selbst die Motive und Erzählprinzipien ihres Briefromans *Der Geldkomplex* sind primär, wenn nicht ausschließlich durch den beständigen Geldmangel der Autorin bestimmt. Zugleich aber ist das Werk dieser Schriftstellerin in Ton, Stil und Sprache ein Werk der Komik und des Witzes. Beides scheint eng zusammenzugehören: Sie ist arm, aber verrückt; mittellos und voller verrückter Einfälle. Franziska zu Reventlow schreibt und klagt nicht; sie ist oft krank und elend, aber ihre Werke sind nicht Dokumente des Jammers und der Larmoyanz. Womöglich liegt eben in dieser Tatsache der eigentliche Grund dafür, daß sie sich als nicht kompromittierbar erweist, daß sie also zu Lebzeiten so etwas wie ein Mythos wird, daß sie sich inszeniert und stilisiert, wo dies nur irgend Aussicht auf Geld verspricht, daß sie sich jedoch nicht vereinnahmen läßt: weder in ihrer Armut, noch in ihrer Leidenschaft für Abenteuer und Zirkus, noch in ihrer Sehnsucht nach Geld, Freiheit und Leben.
Mythos zu Lebzeiten, 1991

Manfred Flügge
Für die unvergleichliche Franziska zu Reventlow gibt es keine angemessene Bezeichnung. Sie war Schriftstellerin und Lebenskünstlerin, Mutter und Liebesvirtuosin, Adlige und Bohémienne, sie war eine Nonkonformistin im Leben und im Denken, die ganz allein eine Art moralische Opposition zu ihrer Kaste und zur Gesellschaft des zweiten Deutschen Reiches darstellte, mit dessen Dauer ihre eigenen Lebensdaten genau übereinstimmen: 1871 bis 1918.
Gesprungene Liebe, 1993

Brigitta Kubitschek
Mit Selbstbewußtsein meistert sie alle behördlichen und gesellschaftlichen Schwierigkeiten, die eine uneheliche Mutter in bezug auf Diskriminierung und soziale Abwertung damals hinzunehmen hatte. Wenn auch diese Erniedrigungen den Kern

ihrer Persönlichkeit nicht erreichen, sieht sie doch deutlich die schwere Problematik der unehelichen Mutterschaft bei den betroffenen Frauen sowohl in den gehobenen als auch in den niederen Schichten, vor allem in der Arbeiterklasse. Den letztgenannten Frauen vor allem zu helfen, erscheint ihr als ein wichtiges soziales Anliegen, und dazu äußert sie sich auch publizistisch. Dabei bezieht sie eindeutig Stellung, lehnt die gesellschaftliche Diskriminierung von unehelichen Müttern kategorisch ab und setzt mit ihrem Bekenntnis zur unehelichen Mutterschaft ein Beispiel, das in unsere heutige Zeit weist.

Franziska zu Reventlow – Ein Frauenleben im Umbruch, 1994

Bibliographie

1. Bibliographien

Kubitschek, Brigitta: Franziska zu Reventlow 1871–1918. Ein Frauenleben im Umbruch – Studien zu einer Biographie. Prien/Chiemsee 1994, S. 573–614

Székely, Johannes: Franziska zu Reventlow. Leben und Werk. Mit einer Franziska-Gräfin-zu-Reventlow-Bibliographie. Bonn 1979, S. 259–320

2. Werke

Romane. Von Paul zu Pedro. Herrn Dames Aufzeichnungen. Der Geldkomplex. Der Selbstmordverein. Hg. von Else Reventlow. München 1976, Langen Müller

Autobiographisches. Ellen Olestjerne. Roman. Novellen. Schriften. Selbstzeugnisse. Hg. von Else Reventlow. Mit einem Nachwort von Wolfdietrich Rasch. München 1980, Langen Müller

Briefe. 1890–1917. Hg. von Else Reventlow. Mit einem Nachwort von Wolfdietrich Rasch. München 1975, Langen Müller

Tagebücher. 1895–1910. Hg. von Else Reventlow. München 1971, Langen Müller

3. Autobiographien und Erinnerungen von Zeitgenossen

Blei, Franz: Erzählung eines Lebens, Leipzig 1930

Brandenburg, Hans: München leuchtete. Jugenderinnerungen. München 1953

Flach, Jakob: Ascona. Gestern und heute. Zürich 1960

Frank, Leonhard: Links, wo das Herz ist. München 1952

Hessel, Franz: Der Kramladen des Glücks. Frankfurt a. M. 1983

Holm, Korfiz: ich – kleingeschrieben. München 1932

–: Das Kopierbuch Korfiz Holms (1899–1903). Ein Beitrag zur Geschichte des Albert Langen Verlags und des Simplicissimus. Hg. von Helga Abret und Aldo Keel. Bern 1989

Huch, Roderich: Alfred Schuler, Ludwig Klages und Stefan George. Erinnerungen an Kreise und Krisen der Jahrhundertwende. In: «Castrum Peregrini» 110 (1973), S. 5–49

Klages, Ludwig: Rhythmen und Runen. Aus dem Nachlass. Leipzig 1944

Lessing, Theodor: Einmal und nie wieder. Gütersloh 1969

Ludwig, Emil: Geschenke des Lebens. Ein Rückblick. Berlin 1931

Mühsam, Erich: Ascona. Eine Broschüre. Locarno 1905. In: Ders.: Gesamtausgabe Bd. 3. Berlin 1978, S. 49–96

–: Namen und Menschen. Unpolitische Erinnerungen. Leipzig 1949

Prévot, René: Kleiner Schwarm für Schwabylon. München 1954

Reventlow, Rolf: Kaleidoskop des Lebens. Typoskript. Stadtbibliothek München, Handschriftenabteilung, Nachlass Reventlow

Schmitz, Oskar A. H.: Wenn wir Frauen erwachen. Ein Sittenroman aus dem neuen Deutschland. München 1912

Schuler, Alfred: Cosmogonische Augen. Gesammelte Schriften. Hg. von Baal Müller. Paderborn 1997

Weber, Marianne: Die Frauen und die Liebe. Leipzig 1936

Werefkin, Marianne: Briefe an einen Unbekannten 1901–1905. Hg. von Clemens Weiler. Köln 1960

Wolfskehl, Karl: Gesammelte Werke 2. Bd. Übertragungen, Prosa. Düsseldorf 1960

4. Untersuchungen zu Franziska zu Reventlow

Brinker-Gabler, Gisela: Der leere Spiegel. Franziska Gräfin zu Reventlows Ellen Olestjerne. In: Franziska zu Reventlow: Ellen Olestjerne. Frankfurt a. M. 1985, S. 239–255

Faber, Richard: Franziska zu Reventlow und die Schwabinger Gegenkultur. Köln 1993

–: Männerrunde mit Gräfin. Die «Kosmiker» Derleth, George, Klages, Schuler, Wolfskehl und Franziska zu Reventlow. Mit einem Nachdruck des «Schwabinger Beobachters». Frankfurt a. M. 1994

Fritz, Helmut: Die erotische Revolution. Das Leben der Gräfin zu Reventlow. Frankfurt a. M. 1980

Gerhardt, Marlis: Franziska zu Reventlow oder der Zauber der Bohème. In: Dies.: Kein bürgerlicher Stern, nichts, nichts konnte mich je beschwichtigen. Zur Kränkung der Frau. Darmstadt 1982, S. 91–114

Gnüg, Hiltrud: Erotisch-emanzipierte Entwürfe. Schriftstellerinnen um die Jahrhundertwende. In: Dies. und Renate Möhrmann (Hg.): Frauen – Literatur – Geschichte. Schreibende Frauen vom Mittelalter bis zur Gegenwart. Stuttgart 1985, S. 260–280

Heppe, Hortense von: Fanny in der Brüderhorde. Über Franziska zu Reventlow. In: Sigrun Anselm und Barbara Beck (Hg.): Triumph und Scheitern in der Metropole. Zur Rolle der Weiblichkeit in der Geschichte Berlins. Berlin 1987, S. 141–156

Krause, Christiane: «Hetärismus» und «Freie Liebe» gegen «Bürgerliche Verbesserung». Franziska zu Reventlow in den Zürcher Diskußionen. In: Irmgard Roebling (Hg.): Lulu, Lilith und Mona Lisa. Frauenbilder um die Jahrhundertwende. Pfaffenweiler 1989, S. 77–98

Kreuzer, Helmut: Die Bohème. Beiträge zu ihrer Beschreibung. Stuttgart 1968.

Kubitschek, Brigitta: Franziska zu Reventlow 1871–1918. Ein Frauenleben im Umbruch – Studien zu einer Biographie. Prien/Chiemsee 1994

Lühe, Irmela von der: Mythos zu Lebzeiten. Selbst- und Fremdbilder in den Briefen und Briefromanen Franziska zu Reventlows. In: Anita Runge und Lieselotte Steinbrügge (Hg.): Die Frau im Dialog. Studien zu Theorie und Geschichte des Briefes. Stuttgart 1991, S. 125–146

Mulot, Sibylle: Franziska zu Reventlow. In: Karl Corino (Hg.): Genie und Geld. Vom Auskommen deutscher Schriftsteller. Nördlingen 1987, S. 374–386

Püschel, Ursula: Jugendstil-Erotik. Franziska zu Reventlow. In: Dies.: Mit allen Sinnen. Frauen in der Literatur. Essays. Halle 1980, S. 89–116

Rantzau, Johann Albrecht von: Zur Geschichte der sexuellen Revolution. In: Fritz Wagner (Hg.): «Archiv für Kulturgeschichte», 56 (1974), S. 394–446

Schaps, Regina: Tragik und Erotik – Kultur der Geschlechter. Franziska zu Reventlows «modernes Hetärentum». In: Wolfgang Lipp (Hg.): Kulturtypen, Kulturcharaktere. Träger schriftlicher und Stifter von Kultur. Berlin 1987, S. 79–96

Schröder, Hans Eggert: Franziska Gräfin zu Reventlow. Schwabing um die Jahrhundertwende. Marbach 1978 (Marbacher Magazin 8)

Székely, Johannes: Franziska zu Reventlow. Leben und Werk. Mit einer Franziska-Gräfin-zu-Reventlow-Bibliographie. Bonn 1979

Tebben, Karin: Literarische Intimität. Subjektkonstitution und Erzählstruktur in autobiographischen Texten von Frauen. Tübingen 1997

5. Zum zeit- und kulturgeschichtlichen Kontext

Bauer, Helmut, und **Elisabeth Tworek:** Schwabing. Kunst und Leben um 1900. Essays. München 1998

Bauer, Richard: Prinzregentenzeit. München und die Münchner in Fotografien. München 1988

Breuer, Stefan: Ästhetischer Fundamentalismus. Stefan George und der deutsche Antimodernismus. Darmstadt 1995

Brinker-Gabler, Gisela: Perspektiven des Übergangs. Weibliches Bewußtsein und frühe Moderne. In: Dies. (Hg.): Deutsche Literatur von Frauen. Bd. 2, München 1985, S. 169–205

–: Metamorphosen des Subjekts. Autobiographie, Textualität und Erinnerung. In: Magdalene Heuser (Hg.): Autobiographien von Frauen. Beiträge zu ihrer Geschichte. Tübingen 1996, S. 393–404

David, Claude: Stefan George. Sein dichterisches Werk. München 1967

Festner, Katharina, und **Christiane Raabe:** Spaziergänge durch das München berühmter Frauen. Zürich 1996

Flügge, Manfred: Gesprungene Liebe. Die wahre Geschichte zu «Jules und Jim». Berlin 1993

Green, Martin: Else und Frieda – die Richthofen-Schwestern. München 1980

Heißerer, Dirk: Wo die Geister wandern. Eine Topographie der Schwabinger Bohème um 1900. München 1993

Huber, Gerdi: Das klassische Schwabing. München als Zentrum der intellektuellen Zeit- und Gesellschaftskritik an der Wende des 19. zum 20. Jahrhundert. München 1973

Hurwitz, Emanuel: Otto Gross. Paradies-Sucher zwischen Freud und Jung. Leben und Werk. Zürich 1979

Kraft, Helga, und **Ellen Liebs** (Hg.): Mütter – Töchter – Frauen. Weiblichkeitsbilder in der Literatur. Stuttgart 1993

Landmann, Robert: Monte Verità. Die Geschichte eines Berges. Berlin 1930

Marwedel, Rainer: Theodor Lessing. 1872–1933. Darmstadt 1987

Möhrmann, Renate: Die Schauspielerin als literarische Fiktion. In: Dies. (Hg.): Zur Kulturgeschichte der weiblichen Bühnenkunst. Frankfurt a. M. 1989, S. 154–174

Plumpe, Gerhard: Alfred Schuler: Chaos und Neubeginn. Zur Funktion des Mythos in der Moderne. Berlin 1978

Schlösser, Manfred (Hg.): Karl Wolfskehl 1869–1969. Leben und Werk in Dokumenten. (Eine Ausstellung der Hessischen Landes- und Hochschulbibliothek vom 20. 10.–14. 12. 1969) Darmstadt 1969

Schmitz, Walter: Die Münchener Moderne. Die literarische Szene in der «Kunststadt» um die Jahrhundertwende. Stuttgart 1990

Schröder, Hans Eggert: Ludwig Klages. Die Geschichte seines Lebens. Bonn 1966

Sombart, Nicolaus: Gruppenbild mit zwei Damen. Zum Verhältnis von Wissenschaft, Politik und Eros im wilhelminischen Zeitalter. In: «Merkur» 30 (1976), S. 972–990

Szeemann, Harald: Monte Verità. Berg der Wahrheit. Lokale Anthropologie als Beitrag zu einer Wiederentdeckung einer neuzeitlichen Topographie. Tegna / Milano 1978

Wilhelm, Hermann: Die Münchener Bohème. Von der Jahrhundertwende bis zum Ersten Weltkrieg. München 1993

Wolters, Friedrich: Stefan George und die Blätter für die Kunst. Deutsche Geistesgeschichte seit 1890. Berlin 1930

6. Fiktionale Darstellungen

Speer, Franziska: Die kleinste Fessel drückt mich unerträglich. Das Leben der Franziska zu Reventlow. München 1995

–: Ich will allen gehören oder keinem. Szenen aus dem Leben der Franziska zu Reventlow. Hörspiel. Deutschlandfunk. Sendedatum: 15. Dezember 1996

Wolffhardt, Rainer (Regisseur): Die Reventlow. Fernsehfilm in drei Teilen. Bayerischer Rundfunk, 3. Programm. Sendedaten: 25. Dezember 1980, 26. Dezember 1980 und 28. Dezember 1980

Namenregister

Die kursiv gesetzten Zahlen bezeichnen die Abbildungen.

Über die Autorin

Ulla Egbringhoff, geboren 1965 in Metelen / Westfalen, studierte Literatur- und Theaterwissenschaften und Philosophie in München und Köln. Praktische Theaterarbeit als Regieassistentin. Mitarbeiterin der Heinrich-Böll-Stiftung. Rundfunkbeiträge für den WDR. Aufsätze zu Autorinnen der Jahrhundertwende. Derzeit als Theaterpädagogin tätig.

Quellennachweis der Abbildungen

Schiller-Nationalmuseum, Deutsches Literaturarchiv, Marbach a. N.: Umschlagvorderseite, Umschlagrückseite oben, 7, 9, 21, 37, 71, 74, 79, 82, 136
Ullstein Bilderdienst, Berlin: Umschlagrückseite unten, 103
Monacensia, Literaturarchiv, Nachlass Franziska Gräfin zu Reventlow, München: 3, 14, 15, 33, 39, 51, 57, 61, 64, 86, 94, 96, 101, 106, 111, 113, 116, 125
Harenberg Kommunikation Verlags- und Medien GmbH & Co. KG, Dortmund 1980: 10/11 (BTB Nr. 192 «Café Größenwahn»)
Theodor-Storm-Gesellschaft, Husum: 19, 25
© Elisabeth Buckup, Wiesbaden: 31
© Karl Stehle, München: 44
Fotoarchiv Narodna Gallerija, Ljubljana (Slowenien): 47
Stadtmuseum München: Graphische Sammlung: 49, 53, 91 (Schwabing-Archiv R. v. H.); Fotomuseum: 89
Archiv für Kunst und Geschichte, Berlin: 67, 134
© Andrea del Bondio, München: 77, 99, 105, 109, 123, 129
Deutsches Theatermuseum, München: 85
Aus: Curt Riess: Ascona. Geschichte des seltsamsten Dorfes der Welt. Zürich 1964: 120
Süddeutscher Verlag, Bilderdienst, München: 131